HISTOIRE

DES

FAÏENCES DE ROUEN

POUR SERVIR DE GUIDE AUX RECHERCHES DES COLLECTIONNEURS.

OUVRAGE AVEC TEXTE,

ORNÉ DE 60 PLANCHES MISES EN COULEUR A LA MAIN,

PAR RIS-PAQUOT,

ARTISTE PEINTRE,

AUTEUR DES 120 COSTUMES ET TYPES BRETONS, RÉPARATEUR D'OBJETS D'ARTS, TABLEAUX, ETC.

Tirage à 500 exemplaires numérotés.

AMIENS,
Chez l'Auteur, rue de Beauvais, 126.
—
1870

HISTOIRE
DES FAÏENCES DE ROUEN.

Description des Armoiries

Exécutées sur plusieurs pièces de la fabrique rouennaise.

N° 1.   Armes d'Ernault, Écuyer, Seigneur de Tocquancourt (Normandie).

Porte : *D'azur au chevron d'or, accompagné de trois roses de même : deux en tête, une en pointe.*
(Sur un plat de la collection de M. Raoul Mellier (Abbeville).

N° 2.   Armes du duc François III d'Arcourt, Gouverneur de Normandie.

Porte : *De gueules à deux fasces d'or.*
(Sur une assiette; Musée de Rouen.)

N° 3.   Armes de Frouly-Tesse, Évêque du Mans.

Porte : *D'argent au sautoir de gueules bordé, dentelée de sable.*
(Sur un casque; collection de M. de Glanville).

N° 4.   Armes de Leprevost, Écuyer, Seigneur de la Moissonnerie (Normandie).

Porte : *D'azur au lion dressé d'argent, tenant entre les pattes une hache de même posée en pal.*
(Sur un plat de 57 centimètres; collection de M. Rozot (Abbeville).

N° 5.   Voir n° 16.

N° 6.   Armes de la famille Poterat.

Porte : *D'azur au chevron d'argent, surmonté de trois étoiles d'or, dont deux en tête, une en pointe.*
(Sur un plat; Musée de Rouen.)

N° 7.   Armes des Boufflers, Seigneurs de Remiencourt.

Porte : *D'argent à trois molettes de gueules, deux et un, accompagnées de neuf croisettes de même : trois rangées en chef, trois en face et trois en pointe, celles-ci posées deux et une.*
(Sur un plat octogone de 40 centimètres sur 30; collection de M. Delaherche (Beauvais).

N° 8.   Initiales.

N° 9.   Voir n° 16.

N° 10.   Armes d'ANZERAY, Écuyer, Seigneur de Courvaudon de la Gogne
(Normandie).

Porte : *D'azur à trois têtes de Léopard d'argent, posées deux et un.*
(Sur un plat à la corne; collection de M. Delaherche (Beauvais).

N° 11.   Armes des ducs de CHAULNES (Picardie),
et d'AILLY, Écuyer, Seigneur d'Annery (Normandie).

Porte : *De gueules à la couronne de laurier d'argent, au chef échiqueté d'azur et d'argent, de trois traits. Écu sur le tout d'azur au lion de gueules.*
(Sur un plat; collection de M. Larangot (Amiens).

N° 12.   Armes du duc de SAINT-SIMON et de sa femme.

Manteau de Pair de France; — Couronne ducale; — Collier d'ordre de Chevalerie.

Porte : *Le 1er écartelé au 1er et 4e, échiqueté d'or et d'azur au chef d'azur, chargé de trois fleurs de lis d'or (qui est Vermandois), 2e et 3e de sable à la croix d'argent chargée de cinq coquilles de gueules (qui est Rouvroy Saint-Simon). Le 2e porte : Écartelé au 1er et 4e à une bande d'azur, au 2e et 3e à un lion rampant* (la femme).
(Sur un plat de 55 centimètres de long et 39 de large; collection de M. Dutuit).

N° 13.   Armes de la famille Charles-François-Frédéric
MONTMORENCY-LUXEMBOURG,
Chevalier des Ordres du Roi, duc de Peny.

Porte : *D'or à la croix de gueules, cantonnée de seize alérions de gueules, la queue nouée, fourchée et passée en sautoir, armée, lampassée et couronnée d'or* (qui est Luxembourg).
(Sur un plat: longueur 47 cent., largeur 35; collect. de M. Gustave Gouellain (Rouen).

N° 14. Planche 4.

Porte : *D'azur au dextrochère armé, mouvant du flanc d'un nuage d'argent, tenant une épée de même à la garde d'or, surmontée d'un cœur de même, accompagné de deux étoiles d'or. Le 2e écusson porte : D'azur au dextrochère d'argent, mouvant d'une nuée à senestre de même, tenant une branche de lis à quatre pétales et tigée aussi d'argent.*
(Sur une assiette; collection de M. Delaherche (Beauvais).

N° 15. Planche 9.   Armes des de LANGLE, Seigneurs de Mosny-Dardez
(Normandie).

Porte : *D'azur à la fasce d'or, accompagnée de deux glands de chêne d'argent en chef et d'une rose de même en pointe.*
(Collection de M. Delpech (Amiens).

N° 16. Planche 15.

Porte : *Le 1er de gueules à la croix d'argent. Le 2e porte : D'azur aux trois chevrons d'or, surmontés de deux besans de même.*
(Musée Napoléon, Amiens).

INTRODUCTION.

Ars longa, vita brevis, experientia fallax.
L'art est long à apprendre, la vie courte,
l'expérience trompeuse.

C'est pénétré de cette vieille maxime que j'ose aujourd'hui entreprendre cet ouvrage concernant les Faïences rouennaises.

Abréger l'étude approfondie de l'art déjà si long et difficile à apprendre par lui-même, éviter la perte du temps, indiquer d'une manière claire et précise les caractères pour ainsi dire classiques de chaque époque, de chaque fabrique, la date de leur création, les signes dont se servirent ces différentes industries pour désigner la provenance des objets ou leur forme : tel a été notre but.

Désigner les marques qui servirent de sceau pour distinguer entre elles ces diverses fabriques sera pour nous l'objet d'une étude spéciale.

Les planches que nous avons jugé nécessaire de joindre à cet ouvrage serviront à éclaircir les doutes qui pourraient s'élever relativement à certaines pièces, et aussi à exercer l'œil à la connaissance des formes et à l'agencement des décorations dont se servirent autrefois les nombreuses manufactures.

Désirant éviter l'écueil dans lequel sont tombés la plupart de ceux qui ont représenté ces sujets par la lithocromie, nous avons cru devoir retoucher nos planches à la main pour rendre plus exactement le coloris de ces pièces qui à lui seul sert de type à toute la classe des faïences de Rouen. Pour mieux faire sentir la forme de ces objets, nous avons eu quelquefois recours à des perspectives exagérées. Voulant, avant tout, être un guide sûr pour l'acheteur, nous nous sommes scrupuleusement attaché à l'exactitude des détails; de là l'irrégularité que présentent certains d'entre eux, heureux si le fruit de nos travaux peut servir à ceux qui, avec une bienveillance toute particulière, ont mis à notre disposition les pièces si rares que renferment leurs riches collections.

Plusieurs ouvrages sérieux nous ont servi à recueillir les dates successives de l'établissement des différentes fabriques et des faits principaux qui s'y rattachent; puis, nous les avons compulsées dans leur ordre chronologique pour rendre plus faciles les recherches à opérer.

Ce qu'il faut, avant tout, au collectionneur, c'est un guide pratique facile à consulter, évitant la perte du temps et les recherches toujours fastidieuses.

Collectionner devient pour l'homme intelligent et actif une nécessité, un besoin. Quoi de plus déplorable en effet que ces heures passées dans le désœuvrement et l'oisiveté, compagnes inséparables de la tristesse et de l'ennui.

Collectionnons donc, ne serait-ce que comme simple occupation. Que de joie, que de souvenirs rappelle l'aspect de ces objets : celui-ci provient d'un vieil ami dont le souvenir renaît à sa vue; celui-là a été trouvé dans un lointain voyage; cet autre fut conquis dans une vente, et non sans quelque peu d'adresse, sur un confrère désireux d'en enrichir sa collection, etc.

N'hésitons donc pas à employer quelques capitaux qui, placés avec discernement, au lieu de ruiner, ne peuvent qu'enrichir. En effet, depuis quinze à vingt ans, les objets de curiosité n'ont-ils pas doublé de leur valeur? néanmoins cette progression ne se ralentit pas!

Nous avons remarqué que les dames en général, lorsqu'elles s'occupent d'arts, brillent par l'exquise délicatesse qu'elles apportent dans le choix de leurs collections; et souvent elles dépassent par leur ardeur et leur persévérance toute la sagacité de la gente masculine.

Il est de première nécessité que les collections soient entretenues dans le plus grand état de propreté, pour pouvoir rivaliser avec les somptueuses demeures qui les renferment. Rejetons comme un manque de goût ces objets couverts d'une épaisse poussière que certaines personnes se font un plaisir de conserver comme cachet d'ancienneté. C'est sous cette couche de saleté que se dissimule souvent la fraude qui existe dans le commerce de la curiosité. Réparons le plus qu'il nous est possible les pièces avariées; l'œuvre, quand ce travail est bien exécuté, ne perd en rien pour cela de son caractère d'ancienneté, ni de son mérite artistique.

CHAPITRE Ier.

CÉRAMIQUE. — PROVENANCE DU MOT FAÏENCE.

Avant d'entreprendre l'histoire de la céramique, il est utile de connaître l'étymologie de ce mot qui dérive du grec *kérameus*, qui signifie potier (c'est du reste le nom que les Athéniens donnaient aux endroits ou s'exerçait cette industrie), et du latin *sigulinus* qui signifie aussi potier. L'art céramique bien compris, envisagé dans tout ce qu'il a de noble et grand, est par lui-même l'art décoratif par excellence; il renferme l'architecture de tous les peuples; tous les ordres y sont réunis, en remontant jusqu'à la plus haute antiquité.

La faïence est une poterie tendre et opaque composée de deux matières dont l'une est fusible : l'émail; l'autre infusible : l'argile, qui en est le corps et qui a la propriété de conserver sa forme sous l'action de la chaleur qui est nécessaire à la vitrification de l'émail et de la couleur.

L'origine du mot faïence n'a pas encore été définie d'une manière certaine. Plusieurs versions existent à ce sujet, et nous avons cru devoir les présenter toutes à nos lecteurs qui jugeront et adopteront celle qui leur semblera la plus rationnelle.

Le mot faïence dériverait de *Faenza*, petite ville d'Italie qui, vers la fin du XVe siècle, fut si célèbre par ses fabriques de margoliques, et dont la réputation acquit pendant longtemps une renommée tellement grande qu'elle fit donner le nom de faïence de *Faenza* à toute une catégorie de ses poteries.

D'après M. Billon, dans son ouvrage intitulé *l'Art de terre chez les Poitevins*, il fait provenir ce mot de *Fayence*, ville de Provence, aujourd'hui chef-lieu de canton du département du Var, située à 19 kilomètres de Draguignan et à 20 kilomètres de Grasse, qui en 1592 jouissait d'une grande renommée relativement à ses fabriques de verriers et faïenciers. Enfin Valence, ville d'Espagne, qui fut pendant longtemps un centre de fabrication bien connu, serait venue prêter son concours pour former le mot faïence par corruption de son nom; ce qui nous fait pencher pour cette version, c'est un acte daté de 1646 et enregistré, relatif à des poursuites intentées par Edme Poterat contre Jean Custode et autres, dans lequel les mots faïence, faïencier et faïencerie sont écrits *vallence, vallencier* et *vallencerie.*

C'est en 1492 que figure pour la première fois le mot faïence dans un édit de Charles VIII, par lequel il accorde des statuts aux verriers et faïenciers de la ville de Rouen.

L'origine de la porcelaine française serait due à un Rouennais. M. Pottier, dans son excellent ouvrage sur les faïences de Rouen, l'attribue avec juste raison à Louis Poterat; des preuves authentiques viennent justifier sa croyance. C'est en effet un acte existant dans les archives du Palais de Justice de Rouen, daté de 1673, par lequel Poterat fait mention de sa découverte et reçoit du roi des lettres patentes.

La porcelaine tendre ne se fit à Saint-Cloud qu'en 1695, sous la direction de M. Morin.

DE LA FABRICATION.

La fabrication de la faïence dans la ville de Rouen fut, dès son début, entourée d'un voile impénétrable; les divers essais de cet art naissant furent-ils cachés à tous les yeux, ou bien encore les artistes étrangers venus de l'Italie, de la Hollande, n'avaient-ils pas encore fait invasion dans ce pays? Toujours est-il que les nombreuses recherches auxquelles se sont livrés les divers auteurs n'ont abouti qu'à dater du milieu du xvie siècle l'origine de la fabrication dans cette ville.

Pour faire la faïence on se servit de différentes terres réduites en pâte à laquelle les ouvriers modeleurs donnaient la première façon. Ainsi préparée, la pièce passait entre les mains du tourneur pour recevoir sa forme définitive. C'est en cet état qu'elle subissait la première cuisson; ensuite le décorateur s'en emparait pour lui donner la couche de blanc (1). C'est enduite de cette préparation qu'elle était propre à recevoir la décoration.

On la remettait au four pour la dernière fois, d'où on ne la sortait qu'après complet refroidissement. Le travail était alors entièrement terminé, et les faïences étaient déposées dans les magasins pour être livrées au commerce suivant ses besoins.

---

(1) Le blanc se composait de mine de plomb, cendre d'étain, bleu d'amidon, limaille de cuivre rouge.

CHAPITRE II.

DES TERRES. — DU FOURNEAU ET DE L'ÉMAIL.

Les terres que l'on employait pour la fabrication étaient de deux sortes : l'une forte et grasse, l'autre légère et sablonneuse. La première, qui était légèrement blanchâtre, se trouvait aux Quatre-Mares (1); la seconde, d'un ton rouge foncé, se tirait à Saint-Aubin, à deux lieues de la ville de Rouen.

L'argile s'employait pour les pièces destinées à aller au feu; elle était extraite de la forêt de Londe (1). C'est le mélange de ces terres en différentes proportions qui donnait au biscuit (2) cette teinte qui passe du blanc jaunâtre au rouge brique, suivant que telle ou telle terre dominait plus ou moins dans le mélange.

Il ne faut donc pas croire, comme on est porté à le faire ordinairement, que le biscuit de toutes les pièces de Rouen dût présenter sous l'émail une teinte jaune pâle. Ce serait une erreur; la couleur variant du clair au rouge brique.

Le mélange des terres, qui différait dans ses proportions suivant chaque fabrique, étant terminé, on les jetait dans une fosse où elles étaient réduites à l'état de bouillie fort claire, ce qui permettait d'en extraire toutes les impuretés si nuisibles à l'accomplissement des autres opérations. Cette eau boueuse était ensuite passée à travers un tamis de crins fort serrés qui ne laissait passer que les grains de sable les plus fins et les parties de la terre grasse jointe à l'eau. Ce liquide était recueilli dans une fosse spéciale où on le laissait reposer, se clarifier et déposer au fond toutes les parties terreuses et sablonneuses qu'il renfermait; on faisait alors écouler l'eau et, après évaporation, on retirait ce limon avec des pelles de bois pour le porter dans une pièce située près du four; là se continuait l'évaporation. Le degré de consistance atteint, elle était transportée dans les caves où elle conservait sa souplesse et l'élasticité nécessaire au travail. Avant son emploi, la terre était soumise à un battage réitéré dont le but était de chasser les bulles d'air qui pouvaient encore y rester.

(1) Près Rouen.
(2) On appelle ainsi la pièce qui a subi la première cuisson.

C'est ainsi préparée qu'elle était apte à recevoir la forme qui lui devait être donnée par la main de l'ouvrier modeleur et rectifiée par l'opération du tour.

Il y avait aussi des pièces qui se faisaient au moule.

DU FOUR.

La construction du four était la chose principale; tous les soins y étaient apportés. Il avait la forme d'une chambre carrée plus ou moins grande, selon l'importance des établissements. Ordinairement, il était de 4 mètres (1) de longueur sur 3 mètres et demi à 4 mètres (2) de largeur, et 6 mètres de hauteur dans œuvre.

La brique et la tuile entraient dans les matériaux que l'on employait; le tout était relié par la terre grasse qui, par la cuisson, devenait aussi dure que la brique.

Les murs avaient au moins 20 pouces d'épaisseur; deux ouvertures y étaient ménagées l'une sur l'autre et recevaient le nom de *bouches;* elles servaient à entrer et à sortir les objets destinés à la cuisson. Dès que le four était plein on lutait ces bouches avec des briques et de l'argile. De chaque côté de ces bouches se trouvaient les *montres*, petites ouvertures d'environ 30 centimètres carrés, qui servaient à examiner l'effet du feu et le progrès de la cuisson.

Le comble de cette pièce était percé de trous lesquels correspondaient avec d'autres également pratiqués dans le parquet de la chambre qui était fait de tuiles, la séparait d'une cave ayant exactement les mêmes dimensions, sauf la hauteur, qui n'était que de 1 mètre 30 c. C'est à travers ces trous que passaient la fumée et la flamme; celle-ci, chassée par l'air inférieur et aspirée par l'air supérieur, s'échappait par les ouvertures et allait distribuer jusqu'au haut sa chaleur et sa force.

Vis à vis, et en dehors de la cave, se trouvait le foyer, lequel n'en était séparé que par une grille nommée *hallandier;* le feu communiquait par cette grille avec la cave et y projetait sa chaleur, qui se répandait ainsi également dans toutes les parties du four.

Les pièces étaient placées dans des cylindres de terre nommés *cazettes* (3) que l'on rangeait symétriquement dans le four, en laissant toutefois un intervalle de quelques centimètres entre chacune, pour donner un libre cours à la flamme.

---

(1) 12 pieds.

(2) 9 à 12 pieds.

(3) Il existe sous les assiettes trois lignes de quelques centimètres où l'émail manque. Ce défaut provient des fiches plantées dans les cazettes pour séparer chaque pièce et éviter qu'elles ne s'éraillent par le contact.

DE L'ÉMAIL.

Pour appliquer l'émail, il fallait que l'objet eût subi sa première cuisson et qu'il fût recouvert de la couche de blanc liquide dans lequel on le trempait; une fois sec, on le recouvrait de poudre d'émail, substance que l'on produisait par la calcination de 100 parties de plomb et 20 parties d'étain. Le résultat ainsi obtenu prenait le nom de *calcine*, poudre jaune insoluble dans l'eau (c'est un stannate plombique dans lequel l'oxyde joue le rôle d'acide).

L'émail est un silicate d'étain et de plomb; pour le former on combine, à une haute température, l'acide cilicique, principe vitrifiable infusible par lui-même, avec la calcine qui remplit la fonction de base, et à laquelle on ajoutait encore du sel marin comme supplément de fondant. Après la fusion de l'émail et son entier refroidissement, il était concassé et broyé à l'eau sous des meules, puis réduit en bouillie dans laquelle on plongeait les pièces déjà à l'état de biscuit. Alors l'émail y adhérait aussitôt et ne tardait pas à sécher; une fois sec, le peintre s'emparait de l'objet, qui était propre à recevoir la décoration. C'est à ce procédé, qui prenait alors le nom de *peinture sur le cru,* que nous devons le dessin moelleux, si ordinaire dans la fabrication des faïences de Rouen.

D'après Dassieux, l'émail est un verre rendu opaque par l'introduction d'une certaine quantité d'oxyde d'étain.

L'émail stammifère (1) fut découvert en 1432 par Lucca della Robbia, célèbre sculpteur italien, qui, à sa mort, en transmit le secret à sa famille.

La composition de l'émail est restée pendant bien longtemps un secret que conservaient les maîtres de manufactures. Aussi combien de temps le perfectionnement de ce procédé a-t-il été long à arriver; que de travaux superflus, que de peine et de labeurs les ouvriers se seraient évités si, confiants dans les progrès de la science, ils avaient abandonné plus tôt à la chimie les soi-disant secrets de leur art.

Dès que la pièce avait reçu sa décoration, on la renfermait dans des boîtes de terre cylindriques, que nous avons désignées du nom de *cazettes*, et qui avaient pour but de la protéger du contact de la flamme, de la poussière, ainsi que des cendres qui s'échappaient des hallandiers.

La dernière cuisson se faisait à une température très-haute qui durait en moyenne 20 heures; de là, du reste, dépendait l'adhérence de l'émail, sa blancheur et son brillant.

---

(1) L'émail stammifère est composé d'oxyde d'étain, et forme l'émail opaque. L'émail plombifère est composé d'oxyde de plomb, et forme le vernis ou la couverte translucide.

CHAPITRE III.

DE LA DÉCORATION ET DES DIFFÉRENTS STYLES.

Le premier genre de décoration employé fut le camaïeu bleu, tel qu'il se rencontre dans les faïences de Delft, que l'on imita, du reste, pendant quelque temps.

Ce qui fait reconnaître les Rouen de ces dernières, c'est l'absence des piqures que l'on trouve fort souvent dans l'émail au revers de ces pièces; les teintes du Rouen sont fondues, sa pâte est plus épaisse et par conséquent plus lourde. Le brillant de son émail est transparent; son bleu a aussi plus de vigueur que dans les autres faïences.

Au bleu devenu trop monotone on joignit le rouge pour en rehausser l'éclat; peu à peu des essais successifs firent découvrir le jaune et le vert. Bien que les peintres n'eussent en leur possession que ces quatre couleurs, ils n'essayèrent pas moins d'en former d'autres sur la palette; à l'aide de mélanges ils obtinrent une série de tons nouveaux, mais la cuisson en détériorait souvent les combinaisons et ramenait le tout à une seule et même teinte.

Privé de cette ressource, force fut d'abandonner l'imitation exacte de la nature pour se retrancher dans un genre purement décoratif et de fantaisie. C'est alors qu'apparut l'ornementation dite *à broderie*, si justement appréciée des amateurs, et qui ne tarda pas à être suivie par le style rayonnant, avec ses nombreuses réserves.

Le règne de Louis XIV nous donna le camaïeu bleu rehaussé de rouge fer. Les coquilles, les draperies furent aussi les ornements usuels de cette époque. On garnit les culs-de-lampes d'élégantes corbeilles de fleurs dont les rinceaux tortueux s'étendirent dans toutes les directions.

Un grand luxe de décoration fut déployé sur tout ce qui fut destiné à l'ornementation. De ce nombre se trouvaient les potiches, les aiguières, les casques, les consoles, les candelabres, les globes célestes et terrestres, et une quantité d'autres pièces dont le prix s'accrut en raison de la valeur artistique.

Les grandes proportions de ces objets permettaient à l'artiste de donner essor à son génie. Il était du reste plus facile d'y obtenir un ensemble que sur la vaisselle plate et régulière.

Il est à remarquer que, comme cuisson, les pièces de taille moyenne ou petite sont généralement supérieures aux grandes, ce qui tient à l'impossibilité de renfermer ces dernières dans des cazettes et par conséquent de les isoler de toutes substances nuisibles.

Nous croyons devoir indiquer ici l'usage des grands plats que nous rencontrons encore quelquefois et dont le luxe de décors surprend au premier abord. Leur usage journalier était de servir à l'ornementation des habitations; puis ensuite, dans les repas de fête, à contenir divers aliments. Dans un même plat se trouvait réunie la volaille domestique au gibier, ou bien encore diverses sortes de légumes.

Une ordonnance royale qui limitait le nombre des services et des convives, suivant les différentes classes de la société, était du reste la cause de ces mélanges. Par la grandeur des plats et l'agglomération des mets, on arrivait à réunir plusieurs services en un seul, et on se renfermait ainsi dans les limites prescrites par la loi.

A des époques plus rapprochées de nous, des plats, des assiettes et des pots richement ornementés furent offerts en cadeau de noces; il reçurent alors les noms des époux et la date de leur union.

L'usage fut aussi de décorer des brocs à l'image de certains saints et de les offrir aux heureux possesseurs de ces noms le jour de leur fête.

DU STYLE.

Il ne suffit pas d'entasser pêle-mêle les trésors qui ont survécu à tous les désastres des temps; il faut encore apporter dans leur rangement un certain ordre, c'est-à-dire les classer catégoriquement, les assembler par rang d'âge, suivre leurs progrès, leur apogée, pour arriver ensuite à leur décadence. C'est là la véritable étude à laquelle le collectionneur doit se livrer.

En embrassant d'un coup d'œil tout l'ensemble de la fabrication rouennaise, nous sommes amenés à conclure qu'il n'y a eu dans son cours que quatre grandes époques que nous définissons et datons ainsi :

1re Époque, de 1647 à 1710, débuts des Poterat père et fils;
2e — de 1710 à 1765, style rayonnant et ses composés;
3e — de 1728 à 1755, imitation chinoise;
4e — de 1755 jusqu'à la fin de la fabrication, le style rocaille et l'imitation.

Pour rendre plus facile la classification et éviter un long et pénible travail, nous avons cru nécessaire de rapporter ici le tableau synoptique qui suit, et que nous empruntons à l'excellent ouvrage de M. André Pottier (1).

Seizième siècle. — Pavés d'Écouen.

1re ÉPOQUE (1647 à 1710).	*Origine de la fabrication :*	1re division. Influence nivernaise. 2e — Types hollando-japonais.
2e ÉPOQUE (1710 à 1765).	*Style rayonnant :*	1re division. Décor en camaïeu bleu. 2e — Bleu rehaussé de rouge ou de jaune. 3e — Décor régulier polychrome, de couleurs diverses et jaune ocré.
3e ÉPOQUE (1728 à 1755).	*Imitation chinoise :*	1re division. Bordures quadrillées, vertes. Pagodes. 2e — Bleu lapis et fonds laqués, ou imitation persane.

Pièces exceptionnelles et à figures.

4e ÉPOQUE (1755 jusqu'à la fin).	*Style rocaille :*	1re division. Scènes galantes ou champêtres. 2e — Trophées, carquois. 3e — Cornes d'abondance, fleurs isolées avec ou sans insectes.

FAÏENCES PORCELAINES. IMITATION DE STRASBOURG ET MARSEILLE.

ORIGINE DE LA FABRICATION.

Comme on le verra dans le cours de cet ouvrage, ce sont les ouvriers de Nevers qui, par leur émigration vers Rouen, apportèrent dans cette ville leurs procédés et furent, par leur genre de décoration, les premiers auteurs de l'influence nivernaise, types qui caractérisent si bien l'origine de la fabrication.

L'Italie et la Hollande fournirent aussi leur monde, qui n'abandonna pas de suite sa manière de faire ; de là dérive le type hollando-japonais, dont la Planche 2 représente un spécimen.

Il ne pouvait en effet en être autrement, puisque chaque ouvrier travaillait alors suivant les données des fabriques d'où il sortait.

(1) Ouvrage publié par les soins de MM. l'abbé Colas, Gustave Gouellain et Raymond Bordeaux.

STYLE RAYONNANT.

Ce ne fut que vers 1710 que se créa d'une manière positive le style rayonnant, dans lequel se rangèrent les dessins dits *à broderies*, dont les motifs furent empruntés aux étoffes, aux dentelles et aux passementeries qui se faisaient alors.

La marqueterie, la damasquinure fournissent aussi leurs modèles que les artistes agencèrent avec de capricieux rinceaux et de gracieuses volutes ; le tout était relié par de légers fleurons que des nœuds élégants achevaient de retenir.

Un caractère particulier à remarquer dans le style rayonnant consiste dans le dessin qui se détache en blanc sur un fond bleu ; c'est-à-dire que par lui-même le sujet se trouve comme enlevé en blanc au milieu d'un placard de bleu. De là dérive le nom de broderie dite *à réserve*. Il arrive quelquefois, mais à de rares exceptions, que, dans une pièce décorée entièrement sans réserves, le dessin entier se détache en bleu sur le fond de la pièce, qui est l'émail blanc.

Le rehaut en rouge et jaune n'a été employé dans les parties réservées que pour rompre la monotonie et rendre l'objet plus joyeux. (Voir les Pl. 19, 20, 21 et suivantes.)

En examinant bien attentivement quelques pièces du style rayonnant, nous sommes amenés à conclure qu'il se distingue par les caractères qui suivent : Il existe à environ 1 centimètre de l'objet une ligne bleue qui en décrit la forme et sur laquelle vient s'adosser une série de motifs d'ornementation qui se trouvent renfermés dans une espèce d'écaille ou de baldaquin dont les formes varient à l'infini, et dans l'intérieur duquel il existe presque toujours un dessin régulier en réserve et dont le centre est généralement une fleur. (Voir Pl. 28.)

Pour joindre ces écailles, dont le nombre varie suivant leur longueur, on se sert de guirlandes de feuilles ou de fleurs desquelles s'échappent, à leur tour, de petits fleurons (Voir Pl. 25 et 28.) Ces fleurons se groupent d'eux-mêmes autour d'autres ornements et servent à les rapprocher plus ou moins du centre de l'objet qui consiste souvent en un cul-de-lampe tiré des dessins du temps. Ils représentaient des corbeilles de fleurs, des vases de fruits (Pl. 25, 28, 30, 33), ou encore, par exception, des armoiries. (Pl. 4, 9, 15.)

Ce qui fit le succès de ce style, c'est qu'il fut purement décoratif. La lumière et l'ombre furent entièrement inutiles à son effet, n'ayant à représenter qu'un dessin plat et sans relief.

La Hollande et le Japon eurent aussi leur décor rayonnant.

APOGÉE.

En même temps que le décor polychrome étalait à nos yeux ses séduisantes couleurs, la fabrication, dans un dernier effort couronné d'un plein succès, nous donnait ces charmantes pièces couvertes d'arabesques noires sur fond jaune ocré (Voir Pl. 35), dont l'élégant et capricieux dessin couvrait presque entièrement la surface.

M. Dutuit est l'heureux possesseur d'un des plus riches spécimens de ce genre. Il consiste en un surtout de table dont le sujet central représente Vénus entre deux satyres. La longueur de ce surtout est de 45 centimètres sur 34 de large.

DU DÉCOR POLYCHROME.

Le dessin dentelle en camaïeu bleu exigeait de la part des décorateurs une application soutenue et surtout de grands soins dans son exécution; aussi son prix de revient était-il relativement assez élevé. Pour obvier à ces inconvénients, et surtout pour livrer à bon compte, on employa les couleurs rouges, vertes et jaunes à l'ornementation.

Les fleurs reçurent sur leurs pétales une teinte tantôt rouge, tantôt bleue; le jaune servit à marquer les étamines. Le feuillage, lui, fut recouvert d'une teinte verte. Tout cet ensemble prit le nom de *décor polychrome*. L'éclat de cet assemblage permettait une main moins habile et dissimulait mieux les imperfections de la fabrication.

Les motifs de ferronnerie habilement disposés fournirent, en s'entremêlant aux fleurs, de gracieux spécimens de ce genre. (Voir Pl. 32 et 33.)

IMITATION CHINOISE.

L'engouement qui se produisit en France à la vue de quelques spécimens de porcelaine de la Chine que des missionnaires avaient rapportés, ne tarda pas à faire germer dans le cerveau des artistes et chez les manufacturiers une nouvelle idée de lucre. Aussi les sujets chinois ne furent-ils pas longtemps épargnés par la reproduction, qui, dès le début, les copia servilement et ensuite les interpréta à la française.

En abandonnant la régularité du style précédent, le premier pas fut fait vers la décadence. Le désordre régna sur tous les points; le dessin n'eut plus de proportions.

La perspective fut entièrement méconnue (Voir Pl. 39, 43 et 44); les sujets souvent détachés les uns des autres ne présentèrent plus d'ensemble (Voir Pl. 43); les bordures n'eurent plus aucun rapport avec le sujet du centre. On se servit de toutes les couleurs, surtout du rouge, avec excès; l'émail reçut une teinte verte qui, avec le quadrillé vert de la bordure, présentait un aspect mou et sans vigueur. (Voir Pl. 37.)

Le décor en bleu lapis et fond laqué fut fait en surcharge sur le fond, c'est-à-dire que la couleur fut posée sur la couleur. (Voir Pl. 45.)

Ces pièces furent d'une exécution très-soignée; quelques-unes réprésentent des sujets mythologiques.

L'encadrement sur le *marly* (1) est produit par une guirlande de fleurs et de fruits sur fond bleu lapis (Voir Pl. 46). Cette décoration se rapproche beaucoup de la fabrication de Nevers, qui a excellé dans ce genre.

STYLE ROCAILLE.

Fatigué bientôt d'un assemblage si pauvre et si peu attrayant, on chercha à créer un nouveau genre. Pour y arriver, on se rejeta sur la mode du jour, sur les meubles, sur les tentures, sur les estampes; tout en un mot servit alors de modèle. Il y avait là beaucoup à puiser, car le goût raffiné du luxe avait largement doté l'époque.

Les fleurs, les oiseaux, les arabesques, la végétation, les coquillages, tout s'entrelaça dans ce nouveau genre d'ornementation, qui prit le nom de *rocaille*. Les peintres de cette époque étaient si familiers avec la représentation des scènes bachiques et galantes, qu'ils les reproduisaient fort souvent; de là ces sujets si piquants qu'on rencontre encore par hasard. Toutes ces débauches de l'art ne firent que l'entraîner vers sa ruine. Au rocaille vint se joindre le genre dit *au carquois*, d'origine chinoise, et représenté par des attributs d'armes ou de musique. Le tout mêlé d'oiseaux avec bordure rocaille. (Voir Pl. 49 et 50.)

Ensuite arriva le type dit *à la corne*, qui se composait d'une corne recourbée en spirale de laquelle partait une branche de fleurs représentant le plus souvent des œillets colorés d'un rouge et d'un bleu très-éclatants. Des insectes et des papillons prenaient leurs ébats au milieu de ces branches. (Voir Pl. 56.) D'autres fois cette corne est coupée par le milieu; elle prend alors le nom de *corne tronquée*. (Voir Pl. 57.) Les dessins chinois s'y trouvent retracés par des barrières, des épines, des haies qui sont toujours peintes d'un rouge très-vif.

(1) Nom que prend en céramique le bord de l'assiette ou du plat.

Après cette division venaient les fleurs isolées, qui consistaient en roses, œillets, tulipes, etc. (Pl. 51, 52, 53 et 54.) Ces fleurs étaient généralement jetées isolément et avec un certain abandon sur les surfaces qu'elles étaient destinées à couvrir. Cette décoration fut aussi la dernière qui marqua l'époque de la décadence et la fin de la fabrication.

IMITATION DES FAÏENCES DE MARSEILLE ET DE STRASBOURG.

L'immense succès et la valeur relativement peu élevée de la porcelaine ne tardèrent pas à déterminer la chute de la faïence : aussi nos industriels cherchèrent-ils à l'imiter.

Des faïences s'en rapprochant furent exécutées à Rouen, vers la fin du dernier siècle. Ces pièces se distinguèrent par la blancheur de leur émail; elles furent cuites au moufle. De là résulte la fraîcheur de leurs teintes. (Voir, Pl. 60, un spécimen de cette imitation.)

La fabrique qui fut le plus en renom pour ce genre nouveau et qui obtint le plus grand succès, fut celle de Levavasseur. Il y avait à l'Exposition universelle de 1867, deux jardinières, pièces excessivement rares, provenant de l'établissement que nous venons de citer; leur forme est exactement celle de notre Planche 53. La bordure, au lieu d'être d'un rouge brun, est d'un rouge laqué, avec personnages persans, le tout exactement dans les mêmes tons que notre Planche 60. Les pièces portent en toutes lettres : « *Vavasseur, à Rouen.* » Le musée de Cluny possède aussi dans sa collection une jardinière du même auteur.

Notre assiette, Planche 60, provient de la collection de M. Rosot, receveur principal des douanes à Abbeville, qui en possède encore d'autres spécimens.

CHAPITRE IV.

DU PAVAGE.

C'est en remontant vers le XVI° siècle que se présente à nous la première date qui fixe l'apparition de la faïence à Rouen.

Le *Magasin pittoresque* relate à cet effet un article conçu en ces termes :

« Ce fut vers 1530 que François Ier ordonna la construction du château de Boulogne destiné à lui servir de rendez-vous de chasse et de lieu d'étude où il vivait séparé de sa cour. Ce château fut appelé *château de Madrid*, par allusion au nom de la ville où il avait été prisonnier.

« Ce qui rendait ce château remarquable et en faisait un édifice à part, c'était le système général de décoration en terre cuite coloriée et émaillée qu'on avait adopté sur ses façades et même sur les tuyaux extérieurs des cheminées. »

Ce genre d'ornements distribués avec goût dans les diverses parties de cette architecture, devait produire un effet vraiment merveilleux.

L'intérieur du château ne présentait pas moins d'intérêt et était décoré avec le même art ; les cheminées, les plafonds, les parquets, les lambris étaient d'une extrême richesse et d'une grande beauté.

Ce fut sous le règne de Henri II, vers 1550, que Philibert Delorme, architecte du roi, fut chargé de terminer ce château ; il exclut alors l'emploi de la terre émaillée en prétendant que le château de Madrid était, comme il l'a dit dans son ouvrage, un château de faïence.

Plus tard, les matériaux de ce château furent vendus ; les terres vernissées tombèrent entre les mains d'un paveur qui les pulvérisa et les convertit en ciment.

Parmi les dépenses de ce château on voit figurer les ouvrages en terre émaillée pour une somme de 388 268 francs.

Un carreau de pavage, qui se trouve au musée de Rouen, porte la date de 1542; il est aux armes du connétable. Cette date figure sur le bas de la lame d'une des épées, et sur l'autre se lit la mention : « *Rouen, 1542.* » Trois couleurs concourent à sa décoration, ce sont le bleu, le jaune et le vert.

Ces derniers vestiges proviennent du château d'Ecouen (dont l'origine remonte à Henry II) et ont été offerts au musée de Rouen par M. Lejeune, architecte chargé de la restauration de ce château.

Il existe aussi, provenant de ce même château, deux tableaux en faïence émaillée, dont l'un, représentant le dévouement de Mutius Scevola, se compose de 238 carreaux, et mesure en tout 1 mètre 60 c. de haut sur 1 mètre 90 c. de large. Il est aussi signé *Rouen 1542*.

L'autre, dont le sujet est le dévouement de Curtius, est aussi dans les mêmes proportions que le précédent et porte la même date. C'est à un amateur de la ville de Senlis qu'appartient ce précieux trésor; l'autre fait partie des collections du duc d'Aumale.

Dans un récent voyage fait à Beauvais (Oise) pour visiter la splendide collection de M. Alexandre Delaherche, et y dessiner quelques spécimens mis à notre disposition avec une bienveillance toute particulière, nous avons remarqué de nombreux échantillons de carreaux provenant du château d'Écouen. Dans ces produits se reconnaît l'ornementation italienne avec ses procédés; mais il existe cependant bien des parties qui se rattachent à la décoration purement française. Ce carrelage peut être attribué à Abasquene, que cite la Chronique rouennaise en 1549.

D'après ce que nous venons de lire plus haut, les fabriques existaient donc à Rouen vers le XVIe siècle; la date 1542 en fait foi, puisque des carreaux y ont été cuits, et qu'il est de toute impossibilité de cuire la faïence dans des récipients de terre vernissée où la terre n'arrive pas au delà du rouge cerise.

Nous concluons donc qu'il existait à cette époque des fours pour cuire la faïence; de là aussi une exploitation qui utilisa ces mêmes fours pendant près d'un siècle.

Toute trace de fabrication est presque entièrement perdue; les quelques épaves qui se retrouvent à de rares intervalles n'ayant ni dates, ni marques certaines, l'on ne peut que former des hypothèses qu'aucunes preuves ne peuvent justifier.

RÉSUMÉ

DE

L'HISTOIRE DE LA FABRICATION ROUENNAISE

ET DE

LA FORMATION DE SES MANUFACTURES

PAR DATES CHRONOLOGIQUES.

CHAPITRE V.

L'émigration des ouvriers nivernais vers Rouen ne date que de la première moitié du xvii° siècle. Ils apportèrent dans cette ville leur industrie et le mode de manipulation qui leur était propre. De là dérive le type nivernais (V. Pl. 6 et 16) dont l'influence se fit encore longtemps sentir dans les débuts de la fabrication rouennaise.

L'Italie et la Hollande fournirent aussi vers cette époque des ouvriers déjà familiers avec les divers procédés qui s'exerçaient chez eux. Ils nous mirent en possession des sujets japonais qui étaient alors en vogue dans leur pays. Ce genre fut désigné sous le titre de *faïence hollando-japonaise*. (V. Pl. 2°.)

Aucune école n'est encore formée à cette époque; chaque ouvrier travaille à part, employant les recettes qui lui sont propres ou celles des fabriques d'où il sort.

Un caractère tout particulier se remarque cependant dans les pièces qui nous sont passées entre les mains, c'est la blancheur de l'émail, qui provient de ce que cette substance est exempte de plomb.

Ce ne fut que vers 1640 que Nevers initia entièrement la fabrication rouennaise à ses secrets.

1644   Des lettres patentes accordées à Nicolas Poirel, sieur de Grandval, huissier du cabinet de la reine Anne d'Autriche, portent la date de 1644; elles sont relatives à l'établissement d'une manufacture de faïence. Ce privilége, qui dès le début n'était que de trente années, fut porté, un an plus tard, à cinquante, et expira en 1698.

Les ouvriers de cette fabrique venaient en grande partie de la Hollande et de l'Italie; quelques-uns d'entre eux avaient aussi travaillé à Lille.

La forme de l'ornementation italienne prévalut quelque temps dans les différents essais auxquels se livra Nicolas Poirel. Ce type est représenté, dans l'ouvrage de M. Pottier (1), par le *Plat à la Centauresse*.

L'établissement dont Nicolas Poirel était le titulaire privilégié fut exploité par le sieur Edme Poterat.

Le camaïeu bleu, dont les tons tiraient sur le bleu ardoisé, était le seul employé à cette époque pour la décoration.

1646   Ce fut vers 1646 que Dimois et de Villerai fondèrent deux manufactures. Dimois seul se serait établi en vertu de lettres patentes qui furent régulièrement enregistrées.

1647   En 1647 cesse toute incertitude ; l'art arrive à Rouen par l'intermédiaire de Nevers. Le genre de décoration, le nom des peintres nous sont connus dès cette époque.

Le plat à la centauresse, dont nous avons parlé plus haut, porte au revers la mention suivante : *Faict à Rouen, 1647*. Il est attribué à Edme Poterat et provient de la fabrique de Nicolas Peirel; il se trouve maintenant dans la collection de M. Gustave Gouellain, de Rouen. Le marly est orné de quatre miroirs vénitiens séparés les uns des autres par des fleurs et des ornements dans le genre persan; au centre se trouve le sujet principal : la Centauresse, dont le haut du corps est celui de la femme, le tronc celui du cheval; elle tient un dard à la main. — Ce plat est le véritable type de l'origine italo-nivernaise.

Le musée de Rouen possède une bouteille à l'usage de pharmacie qui est de fabrication primitive, et porte la date de 1647; ainsi qu'un plat ayant la même date et qui est aux armes de la famille Poterat; l'écusson est posé sur le marly. Le reste du plat est entièrement privé de décors. (V. Pl. 1re, fig. 6.)

1648   Le goût franco-nivernais se fait sentir dans toute sa force; cette cause est due au grand nombre de fabricants et ouvriers peintres nivernais établis à Rouen vers cette époque.

---

(1) Ouvrage publié par MM. l'abbé Colas, Gustave Gouellain et Raymond Bourdeaux.

Voici leurs noms et la date de leur arrivée à Rouen.

Pottier.	1631.		Mazois.	1680.
Lefebvre.	1636.		Soret.	1680.
Leclerc.	1641.		Bodrique.	1685.
Miette.	1646.		Despatis.	1688.
Brochard.	1648.		Marque.	1697.
Seguin.	1656.		Rollet.	1699.
Dumont.	1660.		Serrurier.	1708.
Bourgoin.	1666.		Sacuisse.	1711.
Borne, Henri.	1671.		Beaudouin.	1717.
Quay.	1679.			(1).

INVENTION DU RACCOMMODAGE DE LA FAÏENCE.

Nous avons cru être agréable à nos lecteurs en leur transmettant ici une note relative au raccommodage de la faïence, qui date du commencement du XVIII° siècle.

« Ce fut à Paris que l'on trouva le moyen de tirer parti de la faïence cassée en rajustant ses fragments au moyen d'un fil d'archal.

« Cette invention est due à un nommé Delille, natif du village de Monjoie, en Normandie.

« Le succès qu'il obtint rapidement dans un grand nombre de cuisines et de petits ménages fit prendre un tel développement à cette petite industrie que les faïenciers, auxquels elle causait un tort considérable, voulurent la faire prohiber et intentèrent un procès à ceux qui l'exerçaient. Mais la bonne cause triompha, et un arrêt déclara libre la profession du raccommodeur de faïence (2). »

Une terrible épidémie vient tout à coup désoler toute la Normandie. La peste, ce fléau redoutable, ne tarda pas à étendre ses ravages jusqu'à la ville de Rouen, qu'elle dépeupla presqu'entièrement. Son apparition, qui plongea toutes les familles dans le deuil et les larmes, paralysa aussi tout commerce; on abandonna entièrement les ateliers; on déserta même la ville. Ce ne fut qu'en 1670 que ces ravages cessèrent; ce n'est qu'à grand'peine et après de longues hésitations que le travail interrompu fut repris.

L'année 1670 donna naissance au décor dit à broderie, qui est sans contredit le plus joli, le plus recherché. Il fut créé par les Poterat.

Dans cette ornementation se rencontrent les dessins symétriques et rayonnants,

---

(1) Extrait de l'ouvrage *Les Faïences de Nevers*, par M. du Broc de Seganges.
(2) Extrait du *Magasin pittoresque*, année 1842, page 239.

avec réserves sur les blancs du fond que du bleu foncé encadre. Ces réserves sont quelquefois rehaussées de rouge ou de jaune obscur. Les rinceaux contribuèrent aussi par leur élégance à la richesse de cette ornementation.

1673 — Louis Poterat, de Saint-Sever, reçoit des lettres patentes qui lui sont données par le roi Louis XIV. Elles sont signées par le roi, par Colbert, ministre, et portent la date de Versailles, le dernier jour d'octobre 1673. La teneur de ces lettres accorde un privilége de trente ans qui doit par conséquent expirer en 1703. Il renferme l'autorisation de cuire la faïence imitant la porcelaine de Chine dont Poterat fut le premier inventeur, ainsi que la faïence violette, celle peinte en blanc, en bleu et en autres couleurs, imitant les mêmes formes que celles de la Hollande.

Ce fut Louis Poterat qui le premier innova le style rayonnant; il fut aussi l'inventeur de la porcelaine française, la première qui ait été fabriquée en Europe, comme le prouve un acte authentique, enregistré au Parlement de Rouen, qui fut déposé aux archives du palais de Justice de cette ville le 9 décembre 1673.

Il nous dota de même de l'imitation chinoise et japonaise dont les motifs furent empruntés aux échantillons tout récemment arrivés en France. A cette époque ces décors représentaient des arbustes, des meubles, des fleurs, etc. La bordure de ces plats était de la composition du peintre; par une heureuse réussite, elle s'appropriait fort bien avec le sujet intérieur. Leur émail se reconnaît par la teinte verdâtre que l'on y a introduite à dessein.

Ces pièces étaient de confection tellement grossière qu'il était nécessaire de leur faire subir l'opération du tour pour leur donner le degré de finesse voulu. C'est, il faut y faire attention, à l'aide de cette remarque que l'on parvient à classer les divers essais de cette époque et à les séparer de ceux exécutés à partir de 1728 jusqu'à 1810.

Les ouvriers de cette fabrique venaient aussi en partie de la Hollande et de Nevers.

Louis Poterat mourut en 1696 et eut pour successeur de Villeray.

Le musée de Sèvres possède un moutardier en porcelaine qui sert de spécimen à cette fabrication; il est aux armes de la famille Asselin de Villequer.

M. Pottier, dans son *Histoire des Faïences de Rouen* (Pl. 6), en a donné une reproduction d'après les dessins et documents que lui a communiqués M. Riocreux, le savant et aimable conservateur du musée de Sèvres.

1685 — L'inaction dans laquelle se trouve plongée encore une fois la fabrication rouennaise fut occasionnée, à cette époque, par les querelles religieuses qui s'élevaient chaque jour. La persécution des calvinistes fut un motif puissant qui paralysa tout. Ce ne fut que le retour au calme qui ramena la reprise des affaires.

En même temps qu'expirait le privilége de Nicolas Poirel, plusieurs industriels profitèrent de l'occasion pour fonder et exploiter de nouvelles manufactures. Guillebaux s'établit alors rue Tousvents.

C'est seulement de cette époque que datent les premiers essais de polychromie (du grec πολυς, polys, *plusieurs;* χρομος, chromos, *couleur*) dont l'emploi ne fut tout à fait en vigueur que vers 1710. Le bleu, le vert, le jaune et le rouge sont les couleurs le plus ordinairement employées dans cette décoration. Ce nouveau genre ne tarda pas à prendre une grande extension, vu qu'il exigeait moins de soins de la part des ouvriers et aussi des artistes moins capables. De là résultait une économie dans la main-d'œuvre, ce qui permettait de livrer à meilleur marché au commerce un grand nombre de pièces.

C'est alors que commencèrent à prendre naissance les dessins dentelles, comme entourage; mais ce genre ne fut entièrement formé que quelque temps après.

Le musée de Rouen possède une cuvette dont le centre représente un sujet chinois dont la bordure est polychrome. Il est signé *le Brument, 1699.* Un plat à barbe porte sur son envers la date 1699, et le nom de Louis Leclerc.

C'est en vertu de la liberté accordée par l'expiration des priviléges, que Caussy fit construire, rue Saint-Sever, deux fours qu'il exploita avec son fils. Il forma divers apprentis et ouvriers nommés :

Delamarre, J.-B., apprenti en.	1757.	Montpellier fils, élève en.	1757.
Noel,	—	Rossignol, Claude,	—

En 1707 furent exécutées les quatre Saisons, bustes de grandeur colossale, en faïence, avec gaîne, dont la composition est de Vavasseur.

A cette date se rattache la création de deux nouvelles fabriques exploitées par Dubois et Blandin.

Un ouvrier du nom de Denis Dorio fit la découverte d'un nouveau rouge qu'il employa avec succès pour le décor de la porcelaine. Les pièces exécutées par ce procédé sont fort rares et presque introuvables; cependant le musée de Rouen possède un échantillon de cette découverte. Il consiste en une potiche dont le sujet, d'un grand fini, représente Jésus et la Samaritaine; l'encadrement est formé par une guirlande de fleurs au milieu desquelles on distingue de nombreuses tulipes rouges, fleurs qui ont servi à l'essai de la nouvelle couleur.

Un broc, appartenant à M. Delaherche, porte la légende suivante : « *Nicolas des Martinet, contrôleur général des finances, 1708.* »

1709   L'abolition des priviléges et la situation précaire des finances du royaume, que la guerre avait épuisées, vinrent à cette époque contribuer à l'accroissement et au développement de l'industrie faïencière; d'un autre côté, le roi Louis XIV, obéissant à un pressant besoin d'argent, fit le sacrifice de sa vaisselle d'or, qu'il envoya fondre à la Monnaie, et la remplaça par de la vaisselle d'argent à laquelle il joignit quelques pièces de faïences françaises et étrangères comme ornementation.

   L'exemple parti d'en haut ne tarda pas à être suivi par les princes et par les princesses. A leur tour, les hauts dignitaires, courtisans flatteurs, dans le but de gagner les bonnes grâces du roi, suivirent son exemple. Leur argenterie, déposée à la Monnaie, fut convertie en espèces, puis versée dans la caisse du royaume.

   Dès ce moment, la céramique fut appelée à remplacer les objets précieux; et tout le monde *se mit en faïence*, comme le dit le langage du temps. Ce désintéressement porta, pendant un certain temps, un préjudice énorme aux travaux d'art. La fonte de ces pièces détruisit à tout jamais ces chefs-d'œuvre de l'orfèvrerie, dont le travail artistique et la savante ciselure avaient coûté tant de labeurs et de veilles à leurs auteurs. — La valeur des objets précieux ainsi détruits s'éleva à la somme de trois millions.

   La noblesse fit, dès cette époque, apposer ses armoiries sur la plus grande partie de sa vaisselle et des objets destinés à son usage. (Voir, Pl. 1re, un spécimen de quelques-uns de ces blasons.)

1712   Cauchois monte une manufacture qui, plus tard, passe aux mains d'André Pottier.

1713   Louis XIV accorde à la fabrique de Rouen le privilége d'employer, comme marque, la fleur de lis. Pour perpétuer le souvenir de cette faveur, il commande à cette époque un service en faïence pour son usage particulier. Quelques-unes de ces pièces sont en la possession du musée de Sèvres, et portent pour marque cette fleur de lis dont nous venons de parler plus haut. Au-dessous se trouve une lettre qui est probablement la signature du peintre. Nous avons, Planche 5, un cache-pot octogone portant cette marque et la lettre P, qui est évidemment celle de la fabrique des Poterat.

1716   Le musée de Sèvres possède aussi un autel décoré dans la manière de Delft, et portant la signature Feburier Borne, avec la date 1716.

1717   Epoque de laquelle date une demande, signée du sieur Poterat, de Saint-Etienne, relative à la suppression de plusieurs fabriques. Dans cette réclamation, il allègue le bénéfice de son privilége; mais aucun arrêt n'est pris à cet égard.

1719   Une nouvelle manufacture est fondée par un nommé de la Mettairie.

1720   La fabrique du sieur Poterat, de Saint-Etienne, passe, par un acte de vente, entre les mains du sieur Nicolas Fouquet, qui mourut le 14 mai 1742. Ce dernier occupait alors deux peintres connus sous les noms de Duverderet et de Jean-Jacques Hachet. La faïence qui se fabriqua chez lui était très-fine et généralement décorée de dessins en broderies.

Établissement de Mme Lecoq, de Villeray, au faubourg Saint-Sever.

Le tarif des douanes, dont nous avons signalé l'apparition en 1664, subit en cette année 1725 divers changements occasionnés par la fraude qui s'exerçait alors sur une grande échelle. Au lieu de payer par douzaines de pièces (nombre qui n'était jamais déclaré exactement), il fut perçu *cinq sols par 100 pesant*, emballage compris.

Les deux sphères monumentales qui figurèrent à l'Exposition universelle, et dont la décoration est due à Pierre Chapelle, alors employé dans la fabrique de Mme Lecoq, de Villeray, sont de cette époque. Les piédestaux représentent les quatre Éléments ainsi que les quatre Saisons; ces sujets sont enrichis de guirlandes de fleurs avec des attributs, le tout savamment agencé.

Ces pièces symbolisent évidemment l'apogée de l'art; elles portent pour marques, sur un cartouche ovale : « *A Rouen, 1725, peint par Pierre Chapelle.* » Sur le globe céleste se lit la mention suivante : « *Glob. Celest. juxta. astrono. recentio D. Hacquet. sac. S. Salvatoris, Rotho. decineavit.* » Ce qui signifie : Globe céleste peint suivant la méthode astronomique de Hacquet, de Rouen.

C'est aussi vers cette époque que ce dernier publia son système.

Fondation de la manufacture de Macarel et Leclerc.

Établissement du sieur Poitevin, qui, en 1730, eut pour successeur Heugue Guillaume. Celui-ci employa les ouvriers dont les noms suivent :

Gezet.	. . . . .	de 1748 à		Duchemain fils.	. . . .	de 1754 à 1756.
Normand.	. . . . . .	1754 à 1756.		Barbey (Étienne).	. . . .	id. id.
Perdu (J.).	. . . . . .	id.	id.	Barbey (Louis).	. . . . .	id. id.
Valette.	. . . . .	id.	id.	Tureau.	. . . . . .	id. id.
Glatigny (Pierre-François).		id.	id.	Picard jeune.	. . . . .	id. id.
Duchemain père.	. . . .	id.	id.	Vallet.	. . . .	id. id.

Ce fut Guilbaut qui perfectionna la fabrication représentant l'imitation chinoise. Cette décoration, qui se composait alors de paysages avec fabriques, le tout garni d'arbres impossibles, de rochers, de barrières, et même de personnages tout à fait grotesques, prit entre ses mains une tournure tout autre et presque française; les bordures renfermèrent des fleurs japonaises, avec quadrillés verts, le tout parsemé de petites croix d'un rouge vif.

Un service complet, signé par cet artiste, fut fait aux armes des ducs de Montmorency. (Voir les armes, Pl. 1re.) Un plat, provenant de ce service, figure dans la collection de M. Gustave Gouellain, de Rouen.

Il est à remarquer ici que le genre de décoration employé pour les pièces armoriées ne différait pas de celui en usage dans le commerce, ainsi que le prouve notre Planche 38, qui est, l'écusson en moins, la reproduction exacte d'un plat de ce service. La seule différence qui existe, c'est que la fleur qui se trouve dans le rond, au milieu du marly, est remplacée par l'armoirie. Ce plat fait partie de la collection de M. Delpech, avoué à la Cour impériale d'Amiens.

Le dessin ne fut une composition spéciale qu'à de rares exceptions et seulement pour perpétuer le souvenir de faits remarquables.

Le décor sur fond bleu lapis et laqué doit aussi provenir de cet établissement, car on remarque sur les fonds les mêmes quadrillés ainsi que les mêmes fleurs. (Voir Pl. 45 et 46.)

Le travail soigné et délicat de cette fabrique la plaça au premier rang.

1734   Première époque à laquelle on fait remonter l'origine de la faïencerie de Sinceny (1), qui peut, à juste titre, être considérée comme une succursale de la fabrication rouennaise. Ses produits, du reste, s'assimilent parfaitement à ceux de cette école; souvent même ils s'y trouvent confondus sans qu'il soit possible d'y faire aucune distinction.

J.-B. de Fayard, gouverneur de Chauny et seigneur de Sinceny, fut le premier autorisé, par lettres patentes signées du roi Louis et datées de Versailles du 15 février 1737, à établir en son château une manufacture de faïence. Ces mêmes lettres furent enregistrées au Parlement le 6 juin 1737.

Cette date (1734) se retrouve sur une assiette en camaïeu bleu provenant de cette manufacture; elle indique ainsi, d'une manière presque certaine, l'époque de ses premiers essais.

Le camaïeu bleu fut la couleur primitivement adoptée, mais on ne tarda pas à y adjoindre le rouge, le jaune et le vert. (Voir Pl. 21, 36, 59.) On se servit du poncif pour exécuter plusieurs dessins d'imitation chinoise.

M. Warmont a représenté les fac-simile de ces poncifs dans plusieurs planches de son intéressant ouvrage intitulé *Recherches historiques sur les faïences de Sinceny*, et dans lequel nous avons puisé quelques détails.

Le décor *à la corne* fut aussi de son ressort; le fini de ses pièces lui valut une

(1) Village pittoresque du département de l'Oise, à 4 kilomètres de Chauny.

certaine réputation. Dans cette ornementation dominait le rouge d'œillet. On exécuta aussi d'autres décors représentant des perruches jaunes ou vertes perchées avec élégance sur des branches garnies de fleurs. (Voir Pl. 59.) Au milieu de tout cet ensemble prennent leurs ébats de légers papillons qui, placés à propos, viennent en rompre la régularité. D'autres fois encore on représenta des animaux fantastiques, dragons et autres. (Voir Pl. 55.) Il se rencontre aussi sur certaines assiettes des cartes à jouer entourées d'une guirlande de fleurs formant un trompe-l'œil.

Avant de terminer, citons quelques pièces que M. de Robillard de Beaurepaire a décrites dans son ouvrage intitulé *Les faïences de Rouen et de Nevers à l'Exposition universelle.*

Ce sont deux plats ronds ayant le dragon au fond, genre sino-rouennais; plusieurs assiettes à demi-populaires, dont l'une représente un combat de coqs, l'autre un cordonnier prenant mesure à une jeune femme; une troisième est encadrée d'une bordure rocaille, où se voit un amour portant une corbeille, un soldat battant de la caisse, et un marchand de peaux de lapins. Leur dessin est d'une couleur éteinte un peu fade, tel que le décrit le docteur Warmont, page 24 de son ouvrage.

Ici nous avons cru utile de citer les noms des peintres ainsi que la date de leur séjour dans ce centre de fabrication.

JEANNOT (Pierre). . . . . en 1737.	BEDAUX (Joseph). . . . . en 1737.
COIGNARD (Philippe-Vincent). . id.	LECOMTE (André Joseph). . . id.
COIGNARD (Antoine). . . . id.	BERTRANT (Pierre). . . . . id.
MALERIAT (Léopold). . . . id.	BORNE (Claude). . . de 1751 à 1752.
DAUSSY (Alexandre). . . . id.	GHAIL (François-Joseph). . . en 1769.
LELOUP (Julien). . . . . id.	LE CERF (Joseph). . . . . en 1773.
CHAPELLE (Pierre-Antoine). . id.	

1735   Le musée de Rouen possède un pot, façon anglaise, portant la mention « *1735, Rouen,* » et les lettres *L C*, qui seraient la signature attribuée à Leclere. — Un encrier en forme de cœur, décor camaïeu bleu et rouge, existe dans la collection de M. Osval Dimpre, à Abbeville. Il porte la mention suivante : « *Marguerite Fouque, femme de François Camus, 1735.* »

1736   Deux plats, appartenant à M. Baudry, Alfred, ont figuré à l'Exposition de Rouen; l'un porte l'inscription suivante : « *Pinxit, 1736, C. B.* (marque de Claude Borne). » Il a 58 centimètres de diamètre; le sujet central représente Vénus et Adonis; la bordure est recouverte de fleurs se détachant sur un fond bleu lapis. — Le second plat, de même dimension, représente les quatre Saisons, et porte la légende « *Borne pinxit, anno 1738.* » Il a aussi pour bordure une guirlande de fleurs sur fond bleu lapis.

— 30 —

1737   C'est seulement à cette époque que des ouvriers peintres furent mandés de Rouen en Lorraine.

1738   Cette date se retrouve, avec le nom des époux, sur un vase offert en cadeau de mariage.

1739   Epoque de l'établissement de Fossé, Gabriel. Après sa mort, cette manufacture fut exploitée par sa veuve.

1740   En 1740, Dionis, François-René, entreprit pour son compte la fabrication; il succéda à Mme veuve de Villeray, dont le mari avait lui-même succédé à Poterat.

François Heugue aîné s'établit aussi à cette époque. Voici les noms des peintres qui furent employés dans son établissement.

Heugue (François).	de 1751 à 1757.	Vallet.	de 1756 à 1757.
Fillatre (Nicolas).	id. id.	Borne (Claude).	id. id.
Tureau.	de 1754 à 1756.	Malet.	id. id.
Bazile père.	de 1756 à 1757.	Loir (Nicolas).	id. id.
Bazile (Pierre).	id. id.	Barbe fils.	id. id.
Lefebvre (Guillaume).	id. id.	Lavoisié (Pierre).	id. id.
Heudde.	id. id.	Desmaret (Nicolas).	id. id.
Charrier (André).	id. id.	Noyon fils, élève.	en 1757.
Osmont (Noel).	id. id.	Taillefesse, élève.	id.
Petit (Jacques).	id. id.		

1742   L'établissement de Fouquet étant resté vacant à sa mort, des lettres patentes sont accordées à Girard de Reinecourt pour en continuer l'exploitation. Dionis succéda à de Reinecourt. — Ici nous faisons suivre la liste des ouvriers qui furent employés dans cette manufacture.

Lefebvre (Guillaume).	de 1734 à	Armand (Guillaume).	de 1742 à
Avril (Adrien).	de 1740 à	Borne (Claude).	id.
Borne (Guillaume).	id.	Miette (François).	de 1742 à 1746.
Armont père.	id.	Bongé (Gabriel).	id.
Langlois (Pierre).	id.	Lefevre.	de 1743 à
Le Boury.	id.	Sas (J.-B.).	de 1743 à 1746.
Langlois père.	de 1740 à 1756.	Barbey (Guillaume).	de 1743 à
Leclere.	de 1740 à 1743.	Dumesnil.	de 1743 à 1751.
Sauvage.	de 1740 à 1748.	Gazet (Jean-François).	de 1743 à
Langlois (Antoine).	de 1740 à 1745.	Dupuis.	de 1743 à 1745.
Noyon (J.-B.).	id.	Racine.	id. id.
Parent.	id.	Cabel (Louis-Pierre).	de 1745 à
Drevel (Jean).	de 1741 à 1749.	Valette père.	de 1746 à
Hareau.	de 1742 à 1747.	Valette fils.	de 1746 à 1748.

Mouchard père.	de 1746 à	Vallet.	de 1749 à 1752.
Mouchard fils	id.	Ville père.	de 1751 à 1753.
Montpellier (Michel).	de 1746 à 1750.	Bougé père.	id. id.
Allen.	de 1746 à	Bougé fils.	id. id.
Dubois (Jacques).	id.	Franpoint (Robert).	id. id.
Miette (François).	de 1746 à 1748.	Pain.	id. id.
Miette (J.-B.).	id. id.	Viel (Pierre).	de 1751 à 1752.
Duval.	de 1747 à 1749.	Montpellier père.	de 1751 à 1754.
Parent.	id. id.	Montpellier (Michel).	de 1751 à
Basile.	id. id.	Bourgoin (J.-B.).	de 1752 à
Hureau.	id. id.	Parent (Charles).	id.
Tellier (Pierre).	de 1748 à	Duplessis (Claude).	de 1753 à 1754.
Lefebvre (Guillaume).	id. id.	Pain.	id.
Vallet, apprenti.	id. id.	Coignard fils.	de 1754 à
Petit.	de 1749 à	Ville père.	de 1754 à 1757.
Haguelon (Pierre).	id.	Ville fils.	id. id.
Chapelle (Paul).	id.	Viel (Pierre).	de 1755 à 1756.
Noyon (J.-B.).	de 1749 à 1751.	Montpellier père.	de 1755 à
Coignard (Vincent).	de 1750 à	Montpellier (Ant^{ne}).	id.
Brune (J.-B.).	id.	Montpellier (Michel).	id.
Bruno.	id.	Caban (Charles).	de 1756 à

1743   C'est en 1743 que fut fondée la fabrique de Levavasseur, rue Tousvents. Il mourut en 1755.

1744   Une pièce représentant un jet d'eau et provenant de la fabrique de Sinceny, est signée en creux, dans la pâte : *Masselot, 1744*.

1746   Date de l'établissement de Mouchard, Pierre, rue Saint-Sever; il occupa comme ouvriers :

Mouchard (Thomas).	de 1756 à 1757.	Caban (Charles).	de 1756 à 1757.
Ravelet (Nicolas).	id. id.	Derrey (Pierre).	id. id.

Le musée de Sèvres possède un broc portant le nom de *Magdelene, 1746*. Le décor est en camaïeu bleu, l'encadrement est formé de cornes d'abondance en violet foncé et jaune; de ces cornes sortent des fleurs et des fruits.

M. Delaherche, de Beauvais, possède dans sa collection un broc à cidre qui porte la mention suivante : « *François Segourné, 1746.* »

1747   Cette même collection possède aussi un broc portant la mention « *Pierre Joly, 1747.* »

1753   Une contestation survenue entre les ouvriers faïenciers n'eut sa fin que par une ordonnance de M. de la Bourdonnaye, lieutenant de la généralité de Rouen, qui réglementa, ainsi qu'il suit, tout en les réduisant, les rétributions de chacun.

Le bleu très-fin fut payé, comme décor, la grande douzaine, ou trente-six : 9 livres ; le demi-fin, la grande douzaine : 4 livres ; la broderie en bleu ou en couleur, la grande douzaine : 2 livres 5 sols ; le commun, la grande douzaine : 1 livre.

La veuve Fossé succéda à son mari ; elle occupait à cette époque les ouvriers suivants :

Arnoult (Louis). . .	de 1753 à 1857.	Balle fils.	de 1755 à
Margue (Georges). .	id. id.	Hedouin (Jean). . .	id.
Hureau.	de 1753 à 1758.	Duhamel (Louis). . .	de 1755 à 1757.
Lecoq.	id.	Quetteville, élève en.	1755.
Boulenger (Pierre). .	id.	Leprevost, id.	1757.
Picard aîné. . . .	de 1754 à 1755.		

1754   Epoque de l'établissement de Robert-Thomas Pavie, qui mourut en 1777. Il avait occupé les ouvriers suivants :

Dumont père. . . .	de 1755 à 1856.	Dumont (Michel). . .	de 1769 à 1785.
Dumont fils. . . .	de 1744 à 1752.	Dumont (Marie-Reine).	de 1793 à
Dumont (J.-B.). . .	de 1749 à 1779.	Dumont (J.-J.). . .	de 1793 à
Dumont (David). . .	de 1755 à 1792.	Maletra, élève en. .	1757.
Dumont (Jacques). .	de 1757 à 1793.		

1755   Mme Roussin, veuve Levavasseur, continua en son nom l'établissement fondé par son mari et resté vacant à la mort de celui-ci. Cette entreprise fut maintenue sans cesse, entre ses mains, dans la voie prospère où son fondateur l'avait lancée. A partir de 1754 elle occupa les ouvriers suivants :

Barbier (Nicolas). . .		Jacques père. . . .	1755.
Barbier (Jean-Marie).		Mouchard.	de 1754 à 1756.
Barbier (Charles). .		Bringon.	id. id.
Dumont frère. . . .		Vallet.	id. id.
Avril (Adrien). . .		Delamarre (J.-B.). .	de 1755 à 1756.
Lacuisse.		Menebeuil (Jean. . .	id. id.
Decaux.		Delamarre (Noel). .	id. 1758.
Delabosse.		Cornu (Louis). . .	id. 1779.
Cornu (Pierre). . .		Lemire, élève en. .	1757.

1756   Une association des frères Wallet leur permit de fonder une manufacture qu'ils exploitèrent ensemble et d'un commun accord. Ils étaient au nombre de six et se nommaient :

Vallet père.	Vallet (Mathieu-Aimable).
Vallet fils.	Vallet (Alphonse).
Vallet (Mathieu).	Vallet (Jean-Mathieu).

Voici les noms des peintres décorateurs qui furent employés chez eux.

Barbey (Étienne).	de 1756 à	Vincent (Charles).	de 1756 à 1757.
Parent.	de 1756 à 1757.	Allaire.	id. id.
Barbier père.	de	Bourgoin (Alexis).	id. id.
Barbier fils.	de 1756 à 1757.	Dieul.	id. id.
Guillot (Pierre).	id. id.	Duplessy (Claude).	id. id.
Gardin (Laurent).	de 1757 à	Ledoux (Abraham).	id. id.
Menant (Nicolas).	de 1756 à 1757.	Ledoux (Denis).	id. id.
Mouchard.	de	Mouchard.	id. id.

57   Un acte d'association est passé entre Mouchard et Debrac de la Croisille. Dès ce moment, liberté pleine et entière est accordée à tous ceux qui désirent fonder des établissements, faire des apprentis, occuper des femmes, des enfants. Il est aussi permis de débattre de gré à gré le prix des salaires; mais le tout à la condition expresse de remplacer le bois par le charbon de terre pour le chauffage des fours.

59   Dieul fut le peintre qui introduisit à Rouen le genre dit *au carquois* (Pl. 49 et 50), qui n'est en réalité qu'un composé d'attributs chinois, ainsi que le dessin *à la corne*, pour lequel il fut toujours le maître par excellence. (Voir Pl. 56.)

60   Un service à la corne, composé de 200 pièces, et commandé par Pierre III, de Russie, pour le comte de Golowine, porte la date de 1760.

Notre Planche 51 représente un broc décoré d'une image de sainte en camaïeu bleu sur un fond couvert d'un semis de petites fleurs. Il porte la mention suivante : « *Sainte Marie-Anne, 1768.* »

70   Il s'ouvrit en 1770, au faubourg Saint-Sever, une nouvelle manufacture qui fut dirigée par Sturgeon et Dumont.

74   Le musée de Sèvres possède une cruche, faite en 1774, dont le sujet représente le triomphe de saint Romain, archevêque de Rouen.

M. Riocreux, dans son ouvrage intitulé *Description du Musée céramique de Sèvres* (article des faïences de Rouen, p. 157), signale une assiette à bords festonnés sur laquelle se rencontrent divers essais de couleurs purpurines. Cette assiette provient de la fabrication rouennaise, et porte la date de 1774.

75   La fabrique de Sinceny, que dirigeait alors M. Chambon, travaillait des pâtes plus fines imitant la porcelaine du Japon. A partir de cette date, elle adopta la cuisson au four à réverbère. — Les couleurs furent alors plus éclatantes; le rouge d'œillet fut remplacé par le précipité d'or de Cassius. Les branches de roses, tantôt rouges, tantôt jaunes, étaient alors les seuls décors à la mode. On imita aussi le genre Marseille et ses chinoiseries.

1776	L'engouement dont la faïence rouennaise avait joui jusqu'alors commença à se ralentir; la pénurie d'artistes qu'il fallut subir, jointe à la difficulté de les remplacer, motiva une ordonnance royale qui exempta les ouvriers décorateurs de la conscription.
1777	Parmi les pièces rares et nombreuses que renferme la riche collection de M. Larangot, receveur de l'enregistrement et des domaines à Amiens, se trouve un pot à surprise que représente la Planche 52; ce pot porte l'inscription *Anne Padelous, femme de Rober Durand, 1777*. On remarque également dans d'autres collections, à la date de 1761, une soupière et des assiettes portant ces mêmes noms.
1779	A Mouchard, qui, en 1757, s'était associé à Debrac de la Croisille, succéda Cousin, qui, à son tour, fut remplacé par Lemire.
1780	Pierre Hengue fonda à Saint-Sever une manufacture qui, plus tard, passa entre les mains de Vallet.
1781	Il se fonda à cette époque une manufacture royale exploitée de concert entre les sieurs Macanemaro, William Sturgeon, Simon de Suzay et Letellier. M. Maréchal, antiquaire à Beauvais, et auteur de l'ouvrage intitulé *Imagerie de la Faïence française de 1750 à 1830*, possède dans sa collection un superbe pot de Sinceny, style rocaille, ayant 40 centimètres de haut, sur lequel se trouvent tracés ces mots et cette date : *Elisabeth Ancel, 1781*.
1782	La fabrique de Lemire passe entre les mains de Gabriel Sass.
1783	Le musée de Sèvres a en sa possession un broc dont le sujet central représente saint François à genoux, tenant un crucifix. La robe du saint est de couleur violette; le paysage représente un désert. Le tout est encadré de rinceaux avec treillis, chimères et fleurs.
1789	C'est de cette année que date la décadence de Sinceny. Cette fabrique abandonne la cuisson au four à réverbère comme étant trop coûteuse et ne permettant pas de soutenir la concurrence. A cette époque on cesse aussi toute décoration pour ne plus fabriquer que des pièces blanches; quelques légendes y figurent cependant. Parmi celles à la mode se trouvent les suivantes : « *Verse à boire à tes amis!* » — « *Ma femme, remplis le pot, ou je le casse!* » — Dans un plat à barbe: « *A la main légère!* » Etc., etc. Sinceny termina sa fabrication par quelques faïences patriotiques qui furent faites sous le Consulat. C'est ainsi que finit cet établissement qui, pendant sa splendeur, rivalisa, par l'éclat et la beauté de ses produits, avec ceux de Rouen. — Il produisit **des bustes, des statuettes, des sabots, des corbeilles à jour, des grenouilles sur feuilles de vigne et divers objets dont la vente s'élevait par an, en moyenne, à la somme de 100 000 francs.**

La dernière manufacture créée à Rouen avant l'abolition des priviléges, qui expirèrent en 1789, fut celle de Lepage.

Ici trouve sa place un relevé des prix courants arrêté le 2 février 1792 entre les manufacturiers; il est relatif à la vente de quelques pièces de la fabrication rouennaise (1).

Vases et seaux (bleu et blanc). . . . . La douzaine :	22	livres.
Fontaines, Soupières brodées, Bassins de lit. . . . . . . —	15	id.
Cuvettes de pots à l'eau. . . . . —	13	id.
Saladiers, Plats à barbe, Pots à l'eau brodés, et toute la broderie, ainsi que les Salières. . . . . —	12	id.
Assiettes en broderie. . . . . —	10	id.
Assiettes peintes (communes). . . . . —	9	id.
Saladiers, Pots à l'eau, Urinoirs et tout le blanc ordinaire. —	10	id.

Le prix était subordonné à la finesse de la peinture, comme l'indique le tarif de M. de la Bourdonnaye daté de 1753.

La manufacture créée par Lepage est reprise par Lecerf.

Le traité de commerce conclu entre la France et l'Angleterre, en 1794, fut un coup de foudre pour la fabrication rouennaise. Tout le monde voulut des produits étrangers, ce qui ruina de fond en comble l'industrie du pays. On ne peut attribuer qu'à la nouveauté et à la mode l'abandon de nos produits, tant était laide, défectueuse même la faïence anglaise qui fut introduite chez nous. Sa couleur, d'un jaune sale désagréable à l'œil, s'écaillait facilement et se rayait au moindre frottement.

Les dernières fabriques qui survécurent à ce désastre furent celles de Tharel, Jourdain, Delamétairie, Heugue, Flandrin, Valette, lesquels, chacun à leur tour, se virent forcés de congédier le peu d'ouvriers qui leur restait, pour abandonner une profession qui ne pouvait plus suffire à leur existence.

Des spécimens provenant de chez le sieur Letellier sont conservés au musée de Sèvres; ce sont des imitations de faïence anglaise signées et datées : *Rouen, 1809.* Ces objets représentent pour ainsi dire les derniers vestiges de la fabrication qui pendant un certain laps de temps avait rendu si célèbre et à jamais mémorable la ville de Rouen.

---

(1) Ce relevé est extrait de l'*Histoire de la Faïence de Rouen*, par M. André Pottier.

CHAPITRE VI.

DES MARQUES.

Nous entreprenons sous ce titre l'étude d'une des parties les plus délicates de notre sujet, celle aussi qui excite au plus haut point l'intérêt des amateurs; nous allons donc nous y livrer, dégagés de tout parti pris et en ne prenant pour base que le raisonnement seul.

Pour établir l'origine probable de la céramique rouennaise, nous avons dû nécessairement remonter à une source certaine, à un point de départ exempt de toute incertitude. Où l'avons-nous donc trouvé ce point de départ si précieux? Un nom, une lettre ont-ils pu nous renseigner? Evidemment non.

Ce que nous cherchions ne pouvait se rencontrer d'une manière positive et sûre que dans une date tracée sur un objet quelconque; cette date s'est trouvée sur un dernier fragment échappé aux désatres des temps.

C'est sur un carreau de pavage, portant en toutes lettres la mention *Rouen, 1542,* que nous avons pu avec toute assurance établir l'époque, jusqu'à présent incertaine, de la naissance de la céramique rouennaise. D'autres dates sont venues ensuite se joindre à celle-ci et nous ont apporté ainsi les éléments si nécessaires à la classification employée pour désigner les différentes phases par lesquelles a passé la fabrication pendant le cours de l'exploitation de cette industrie.

Rejetons loin de nous la pensée de trouver (comme on l'a fait bien longtemps) un renseignement utile et précis dans une marque ou dans une initiale. En effet, supposons que nous rencontrions sur un objet la lettre P, cette lettre ne s'applique-t-elle pas aussi bien à Pierre qu'à Paul, à Prosper, etc. Consultons aussi un instant les nombreuses listes des ouvriers employés dans chaque maison, et nous serons frappés de la similitude des noms et des prénoms; par suite, ayant égard au manque de stabilité de ces ouvriers qui, dans une même année, allaient d'une fabrique à l'autre et quelquefois même travaillaient chez eux à leurs pièces pour le compte de plusieurs patrons, nous pouvons en conclure que toutes ces marques, lorsqu'elles ne sont pas écrites en toutes lettres et accompagnées de dates, ne peuvent fournir que des renseignements douteux et par conséquent nuls pour l'histoire.

Les initiales ou marques qui se trouvaient sur un grand nombre de pièces ne pouvaient servir au fabricant, après la cuisson, que pour distinguer quels étaient les ouvriers décorateurs qui les avaient exécutées et lui donner par ce moyen la facilité de vérifier leur ouvrage et d'en fixer le salaire.

Nous avons cependant remarqué dans les premières années l'absence presque entière de marques; cette abstention était motivée par le nombre alors très-limité des ouvriers. En outre, l'imperfection des procédés exigeait que ces ouvriers fussent payés à la journée plutôt qu'aux pièces. Dans ces conditions il devenait inutile aux patrons de constater de quelles mains telle pièce était sortie. L'essentiel, à cette époque, était de faire peu, mais bien. Les priviléges, du reste, excluaient toute crainte de concurrence.

Ainsi s'explique l'absence de marque sur toute une série de grands plats à riches décors dentelle.

On rencontre quelquefois des signes tels qu'une croix simple, une croix avec plusieurs points, ou une croix au milieu d'un cercle, etc.

Ces signes, en usage dans presque toutes les fabriques, viennent encore à l'appui de l'opinion émise plus haut, et prouvent une fois de plus qu'ils ne peuvent désigner telle ou telle provenance, mais bien qu'ils servaient seulement aux ouvriers, qui pour la plupart ne savaient écrire, à reconnaître leurs produits. Il arrive aussi fort souvent qu'une douzaine d'assiettes de même décor et provenant d'une même fabrique porte dix ou douze marques différentes de forme, de manière, de couleur, ce qui prouve qu'elles ont passé entre les mains de différents peintres.

Il serait superflu de s'arrêter à la couleur appliquée à ces marques, car les ouvriers employaient indifféremment celle qu'ils avaient sous la main.

Quant à la marque en creux sous l'émail, elle n'est autre que celle du modeleur ou du tourneur, qui n'avait, lui, que ce seul moyen de reconnaître la pièce après la cuisson; car sortie de ses mains, elle passait à la décoration, ensuite au four, pour ne plus lui revenir.

Toutes les pièces destinées à être serties par un cercle d'étain (ce qui exige toujours un ajustement avant l'émail) recevaient dans l'intérieur des couvercles et à l'extérieur des fonds, une lettre de l'alphabet qui, après la cuisson, servait de point de repère. Cette précaution était prise pour éviter la perte de temps occasionnée par des recherches toujours longues et préjudiciables aux intérêts du maître. Parmi ces pièces se trouvent généralement des brocs à cidre, des pots à tabac, des sucrières à poudre. (Voir Pl. 21 et 51.) Ici encore ces lettres ne sont que des remarques.

Dans l'impossibilité absolue de prendre pour guide des renseignements aussi vagues, nous voyons donc que l'étude doit baser ses plus grandes recherches, non sur des initiales, mais bien sur des dates. Cette étude s'appuiera en outre sur le mode de fabrication, sur la légèreté ou la lourdeur de la pâte, qui a varié à diverses époques selon les terres employées; puis sur la teinte de l'émail qui, à plusieurs reprises, a passé du blanc au bleu et au vert.

On devra tenir compte de la couleur de la pâte, ou biscuit; observer sa dureté, sa nuance, le genre de la décoration, ainsi que la forme des objets.

Tels sont, en résumé, les caractères principaux et sérieux qui doivent servir à l'amateur pour distinguer la provenance d'une pièce et l'époque de sa fabrication.

C'est une étude toute de comparaison que des spécimens datés et portant en toutes lettres les noms des fabriques ou des ouvriers nous apprendront à mener à bonne fin. C'est en même temps à l'aide de ces éléments précieux que nous arriverons facilement à établir la série des observations que nous venons d'énumérer, puis à ranger dans un ordre parfait et scientifique ces précieuses collections, résultat de la persévérance, de l'étude et du bon goût.

Pour compléter notre ouvrage et démontrer une fois de plus l'impossibilité de se guider au milieu du labyrinthe des *marques*, nous avons cru nécessaire d'y joindre celles que nous avons relevées sur différentes pièces. L'espace libre réservé entre chaque genre de décoration permettra aux amateurs d'y faire figurer les marques nouvelles qu'ils relèveront sur les pièces en leur possession ou dans les collections qu'ils seront à même de visiter.

C'est à l'aide de ce tableau, mis en regard des noms des ouvriers, que l'on pourrait se convaincre de ce que nous avons avancé plus haut relativement à ces dites lettres servant de marques.

TABLE.

	Pages.
Description des armoiries.	3
Introduction.	5
CHAPITRE Ier. — Céramique.	7
Provenance du mot faïence.	»
De la fabrication.	8
CHAPITRE II. — De terres, du fourneau et de l'émail.	9
Du four.	10
De l'émail.	11
CHAPITRE III. — De la décoration et des différents styles.	12
Du style.	13
Origine de la fabrication.	14
Style rayonnant.	15
Apogée.	16
Du décor polychrome.	»
Imitation chinoise.	»
Style rocaille.	17
Imitation des faïences de Marseille et de Strasbourg.	18
CHAPITRE IV. — Du pavage.	19
CHAPITRE V. — Résumé de l'histoire de la fabrication rouennaise et de la formation de ses manufactures par dates chronologiques.	21
CHAPITRE VI. — Des marques.	36
Tableau des dessins, marques et monogrammes.	39
Sur décor camaïeu bleu. (Style rayonnant.)	»
Sur décor bleu rehaussé de rouge ou jaune.	40
Sur décor bleu rehaussé de noir.	»
Sur décor polychrome.	41
Sur imitation chinoise.	42
Sur décor à la corne.	»
Sur carquois, fleurs isolées et autres pièces. (Style rocaille.).	43
Marques sur les pièces à personnages et à sujets.	»
Marques à la fleur de lis.	44
Marques de la fabrique de Sinceny.	»
Marques en creux sous l'émail.	»

Amiens. — Typographie de Lenoel-Herouart, et Lithographie de L. Boileau.

FAÏENCE DE ROUEN.

ORIGINE DE LA FABRICATION.

ASSIETTE.

GENRE HOLLANDO JAPONAIS
DE 1642 à 1710

1re Div. Pl. 3

FAÏENCE DE ROUEN. STYLE RAYONNANT

ASSIETTE.

Diamètre 24c. Coll. de Mr A Delahorche.
(Beauvais)

Lith. L Boileau, Amiens.

1re Div Pl. 4.

FAÏENCE DE ROUEN. STYLE RAYONNANT.

ASSIETTE,
AVEC ARMOIRIES.

Diamètre 24ᶜ Lith. L. Boileau Amiens. Coll. de Mʳ A. Delaherche.
(Beauvais)

FAÏENCE DE ROUEN.

STYLE RAYONNANT.

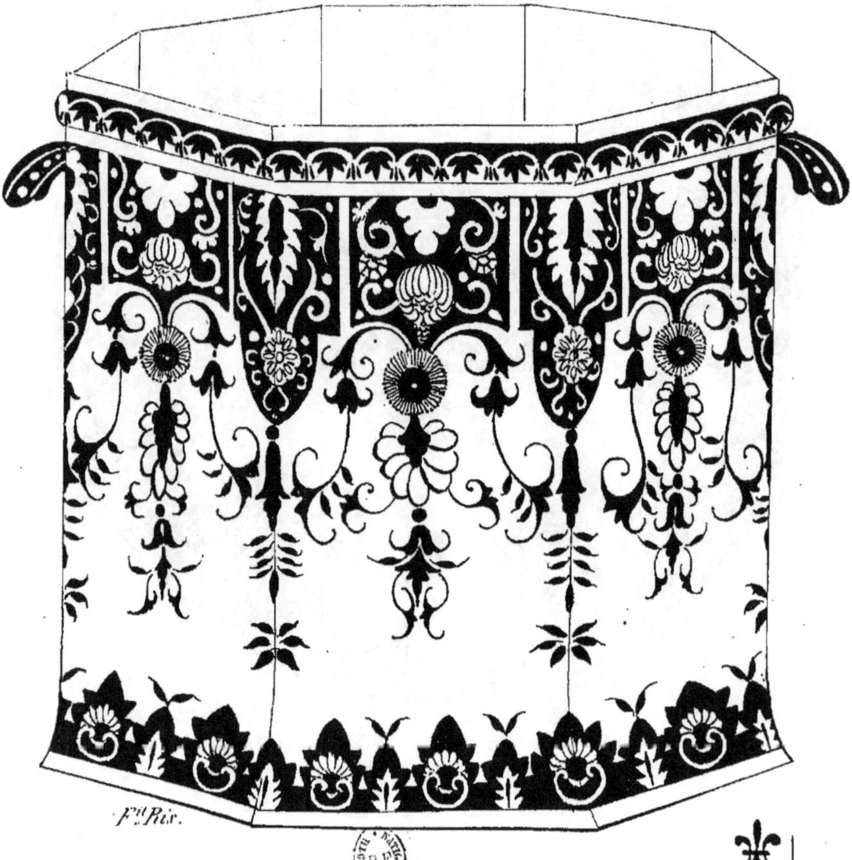

CACHE-POT.

Hauteur 17?
Largeur 19?

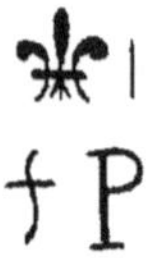

Coll. de M. Delpech

1.º Div.   Pl. 6.

FAÏENCE DE ROUEN.   **STYLE RAYONNANT.**

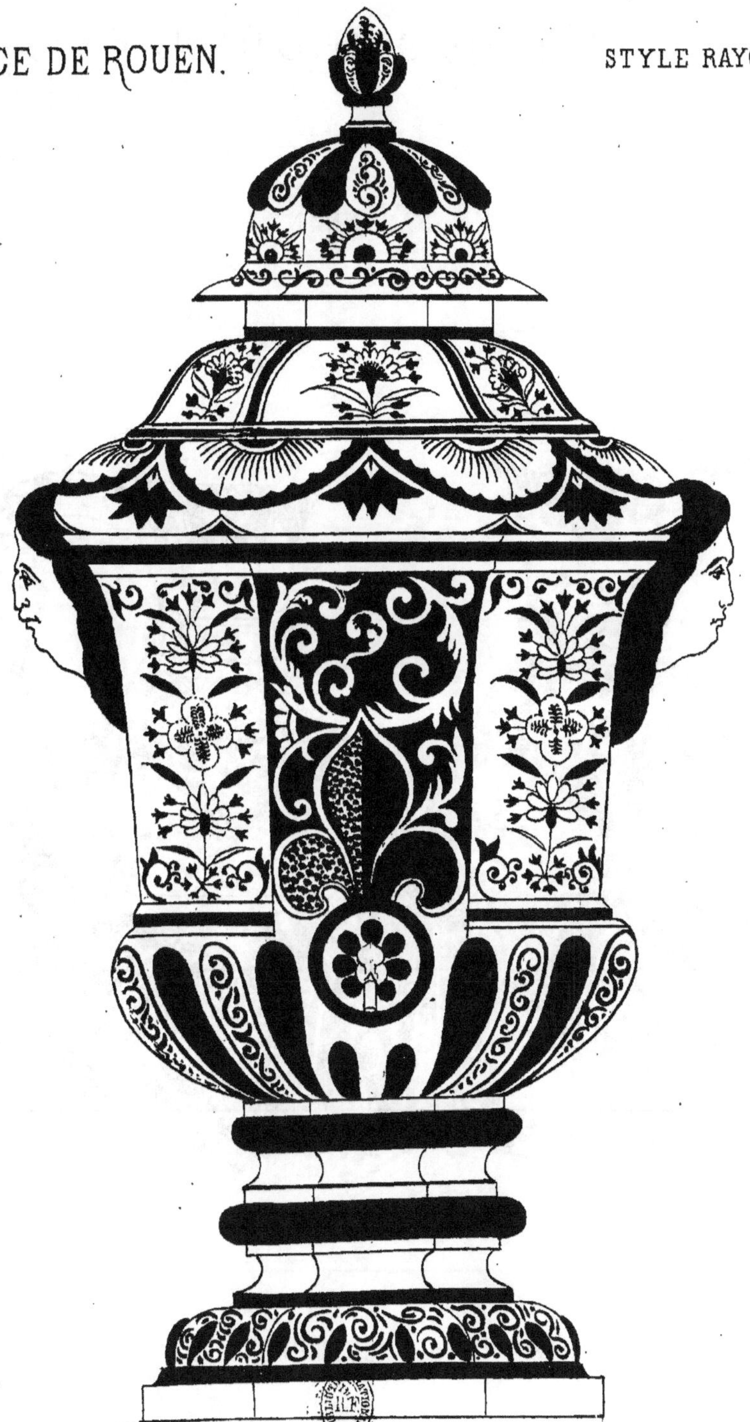

Hauteur 50.º   **FONTAINE.**   Coll. de M.ʳ Larangot.

1re Div. ## FAÏENCE DE ROUEN. Pl. 7.

STYLE RAYONNANT.

PORTE-HUILLIER ET SES BURETTES.

Grandeur Nature.   Lith. L. Boileau, Amiens.   Coll. de Mr Hazart Morel.

FAÏENCE DE ROUEN.

STYLE RAYONNANT.

PORTE-HUILIER.

DÉCOR SANS RÉSERVES.

1re Div. PL. 9.
FAÏENCE DE ROUEN. STYLE RAYONNANT.

FONTAINE.

Hauteur 43c
Largeur 26c

1ʳᵉ Div.   Pl. 10.

FAÏENCE DE ROUEN.   STYLE RAYONNANT.

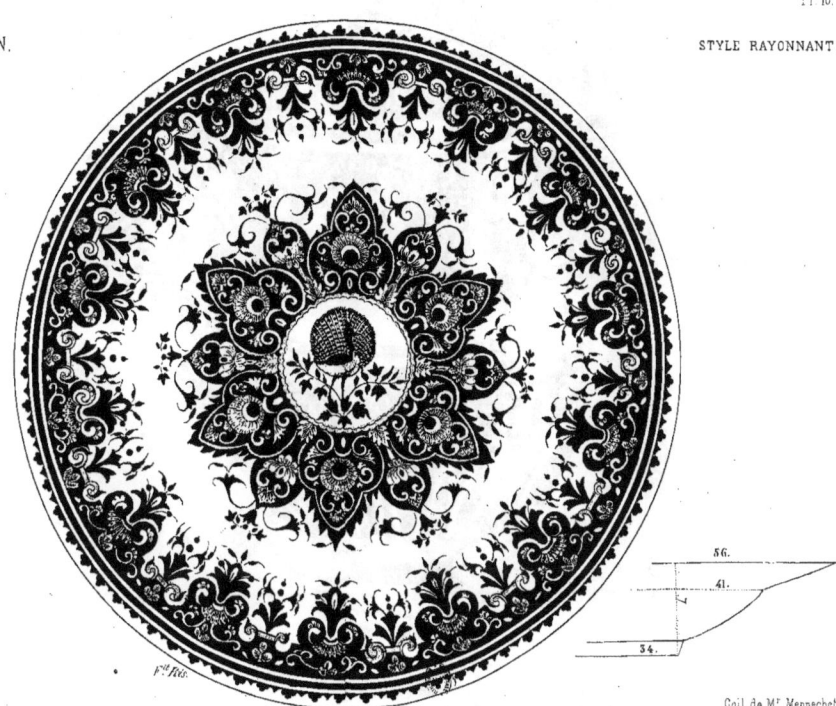

Diamètre 56ᶜ   Coll. de Mʳ Mennechet.

PLAT.

FAÏENCE DE ROUEN.

STYLE RAYONNANT.

BUIRE EN CASQUE.

Hauteur. 30ᶜ Coll. de Mʳ Larangot.

FAÏENCE DE ROUEN.

Pl. 12.

TYPE HOLLANDO JAPONAIS.

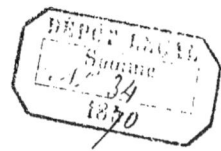

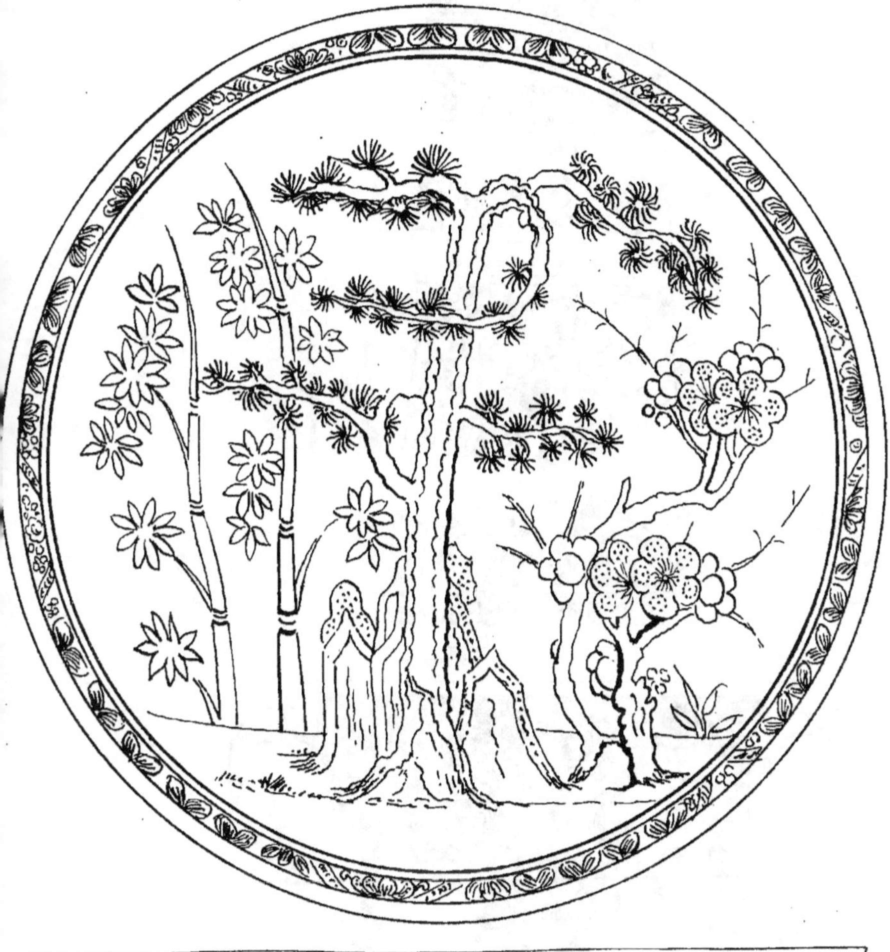

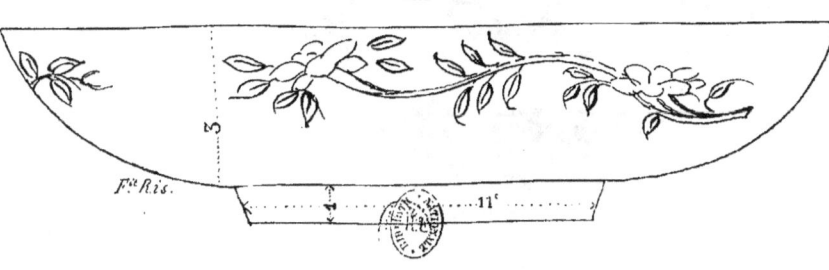

Coll. de Mr. Rosot.
(Abbeville)

1ʳᵉ Div.   Pl. 13.

FAÏENCE DE ROUEN.   STYLE RAYONNANT.

Coll. de Mʳ Raoul Mellier.
(Abbeville.)

SUCRIÈRE.
Hauteur 21ᶜ

TASSE.

Coll. de Mʳ Dimpre Osval.
(Abbeville.)

2º Div. PL. 14.

FAÏENCE DE ROUEN. STYLE RAYONNANT.

ASSIETTE.

Diamètre 23º Lith. L. Boileau, Amiens. Coll. de Mr. A Delaherche.
(Beauvais)

1re Div. Pl. 15.

FAÏENCE DE ROUEN.   STYLE RAYONNANT.

Longueur 65°
Largeur 54°

Musée Napoléon
(Amiens)

Div.

FAÏENCE DE ROUEN.

STYLE RAYONNANT.

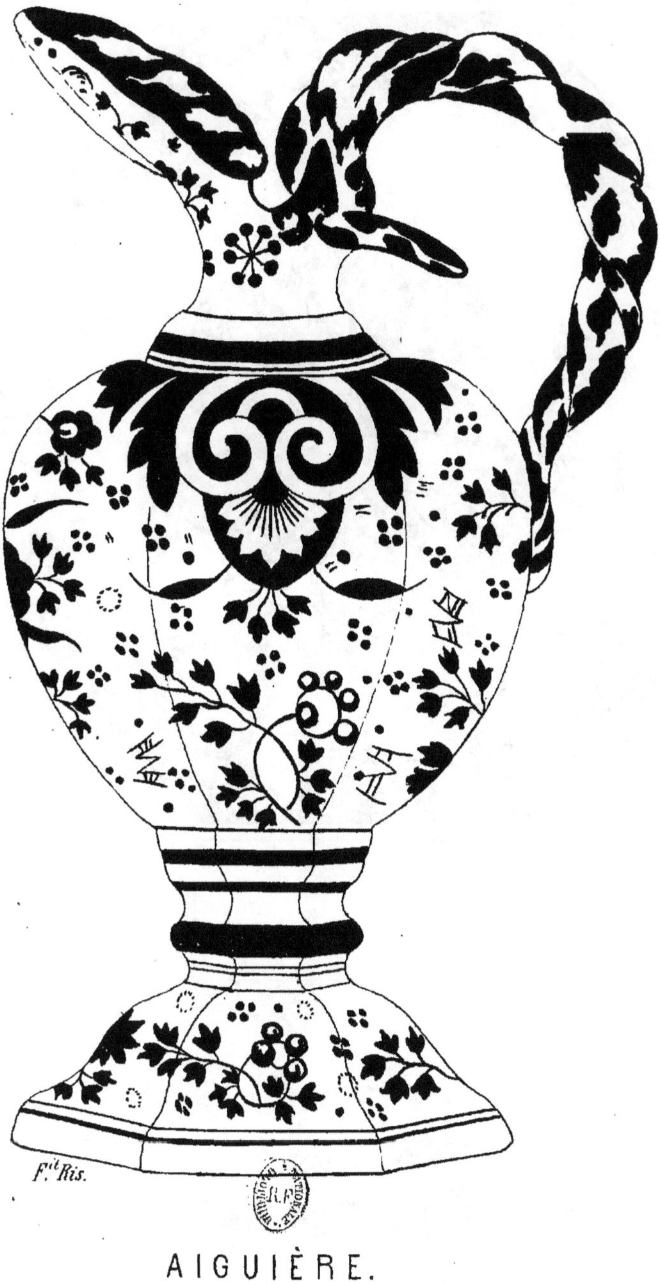

F.it Ris.

AIGUIÈRE.

our 23e

Coll. de Mr Larangot.

Lith. L. Boileau Amiens.

1.ʳᵉ Div.   Pl. 17.

FAÏENCE DE ROUEN.   STYLE RAYONNANT.

SURTOUT DE TABLE.

FAÏENCE DE ROUEN. STYLE RAYONNANT.

PLAT DE ROUEN,
DÉCOR NIVERNAIS.

2ᵉ Div. **FAÏENCE DE ROUEN.** Pl. 19.

STYLE RAYONNANT.

Fᵗ Ris

CACHE-POT.

Hauteur 19ᶜ
Largeur 20ᶜ

Lith. I. Boileau, Amiens

Coll. de Mʳ Larangot.

FAÏENCE DE ROUEN. STYLE RAYONNANT.

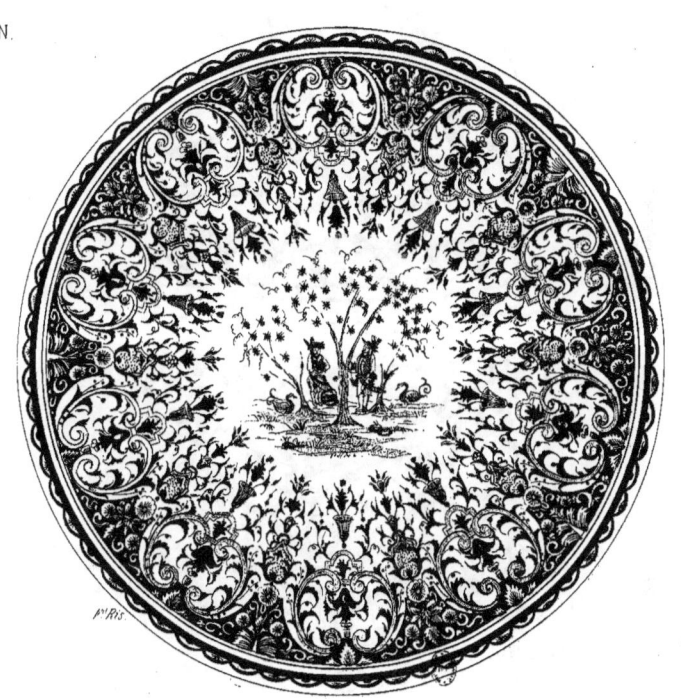

2.º Div.

FAÏENCE DE ROUEN.

STYLE RAYONNANT.

SUCRIÈRE A POUDRE.

2.º Div.

FAÏENCE DE ROUEN.

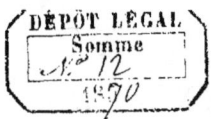

Pl. 22.

STYLE RAYONNANT.

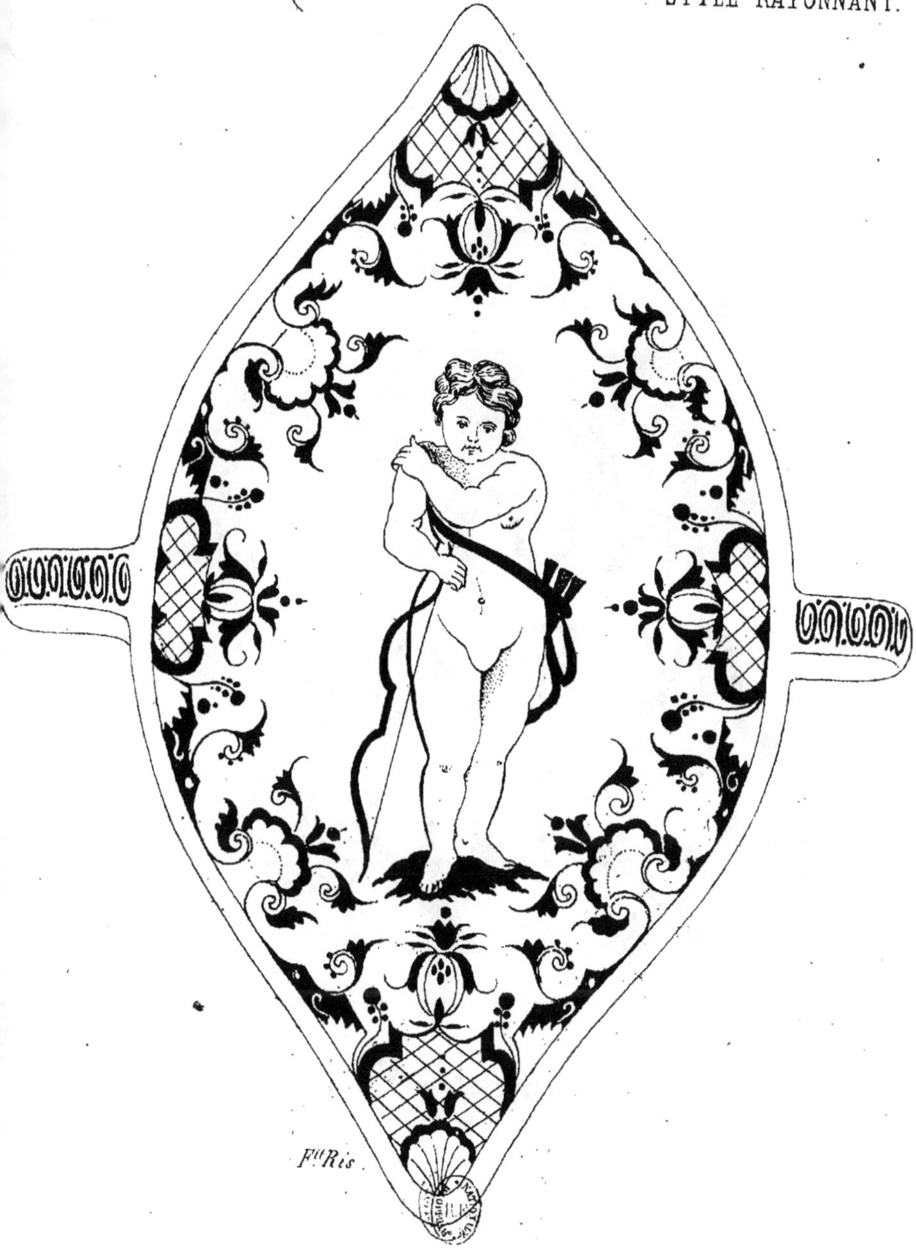

SAUCIÈRE.

Coll. de M. Larangot.

FAÏENCE DE ROUEN.

STYLE RAYONNANT.

BROC.

ÏENCE DE ROUEN. STYLE RAYONNANT.

Pl 24

DÉPÔT LÉGAL
Somme
N° 24
1870

SURTOUT,
DÉCOR À COMPARTIMENTS.

Coll. de Mr Hazard Morel.

Lith. L. Boileau, Amiens.

2.º Div.   Pl. 25.

FAÏENCE DE ROUEN.   STYLE RAYONNANT.

MOTIFS DE BORDURES D'ASSIETTES.

Diamètre 24.º   Coll. de M.ʳ A. Delaherche.
                                                              (Beauvais)

2ᵉ Div.   Pl. 26.

FAÏENCE DE ROUEN.   STYLE RAYONNANT.

ASSIETTE AVEC DRAPERIES.

Diamètre 24ᶜ.   Lith. L. Boileau, Amiens.   Coll. de Mʳ Delpech.

2ᵉ Div. Pl. 27.

FAÏENCE DE ROUEN. STYLE RAYONANT.

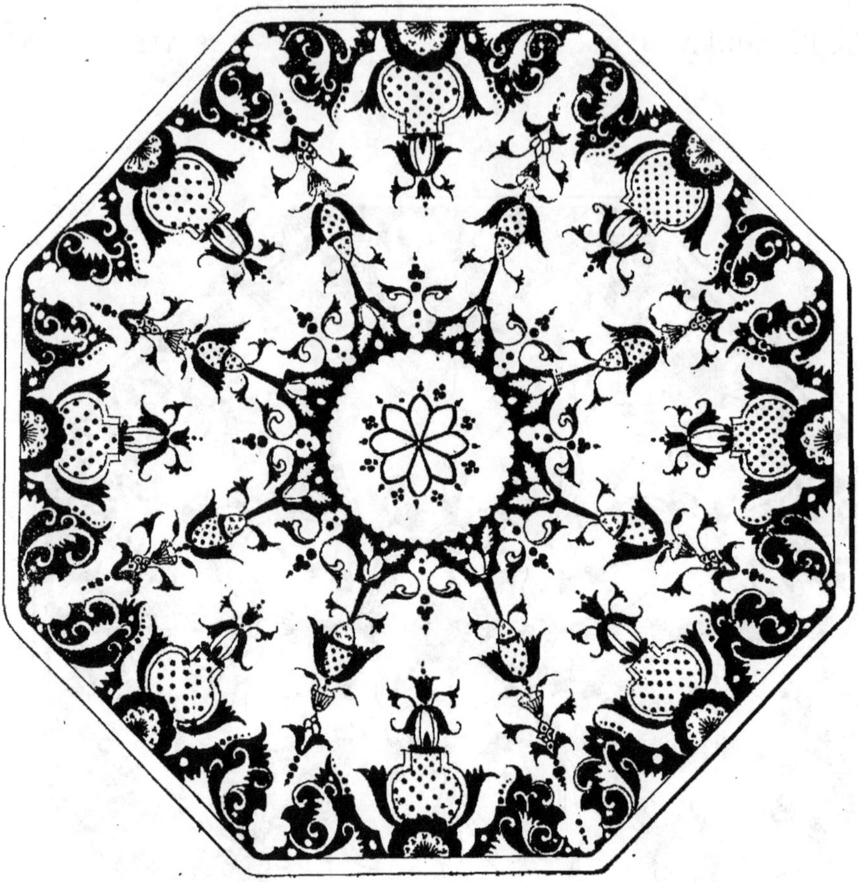

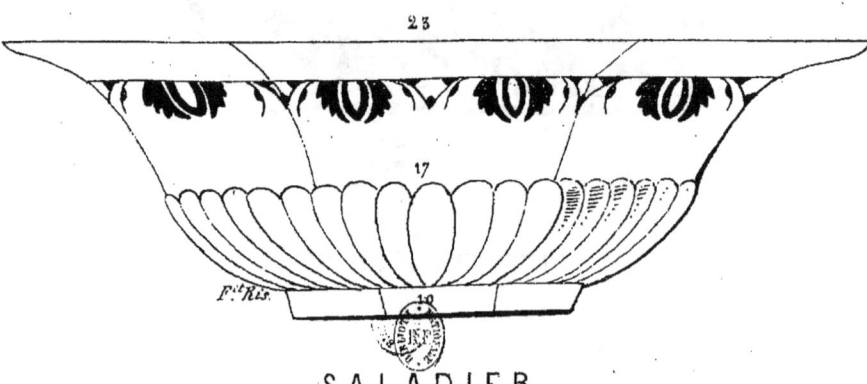

SALADIER.

Hauteur 0⁶⁹ Coll. de Mʳ Delgooh

2.*Div*.   FAÏENCE DE ROUEN.   STYLE RAYONNANT.

PLAT.

3.º Div.

PL. 30.

FAÏENCE DE ROUEN.

DÉCOR RÉGULIER EN 4 COULEURS.

FONTAINE D'APPLIQUE.

Hauteur 50.°   Lith. L. Boileau, Amiens.   Coll. de M.º Alfred Quignon.

\IENCE DE ROUEN. DÉCOR EN QUATRE COULEURS.

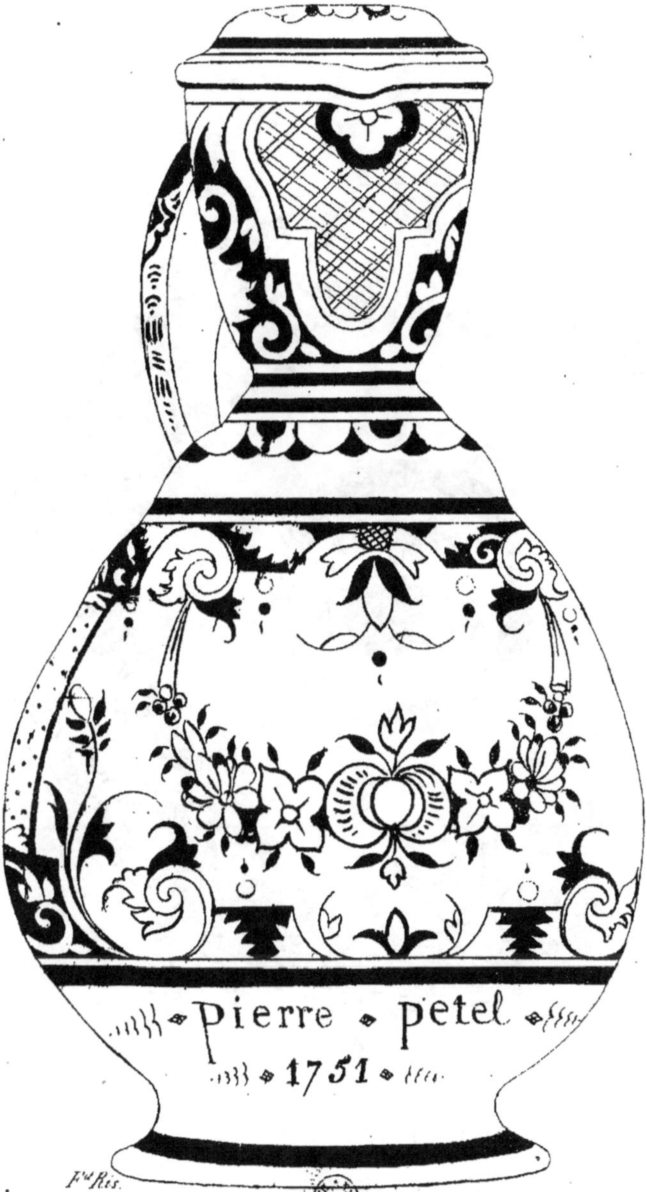

Pierre petel
1751

F[d] Ris.

BROC.

our 30e

Lith. T. Boulcaw, Amiens.

Coll. de M. Lacongot.

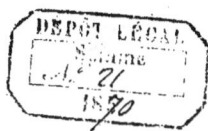

3.º Div.   Pl. 32.

FAÏENCE DE ROUEN.   DÉCOR EN 4 COULEURS

ASSIETTE,
AVEC MOTIFS DE FERRONNERIE.

Diamètre 25.°   Lith. L. Boileau, Amiens.   Coll. de M. A. Delaherche.
(Beauvais.)

3ᵉ Div. FAÏENCE DE ROUEN. Pl. 33.

DÉCOR EN QUATRE COULEURS.

ASSIETTE POLYCHRÔME.

Diamètre 25ᶜ Coll. de Mʳ Édouard Barbier.

3ᵉ Div. Pl. 34

FAÏENCE DE ROUEN. DÉCOR EN QUATRE COULEURS.

BÉNITIER.

Grandeur Nature. Coll. de Mʳ Hazart Morel.

FAÏENCE DE ROUEN.

APOGÉE DE LA FABRICATION.

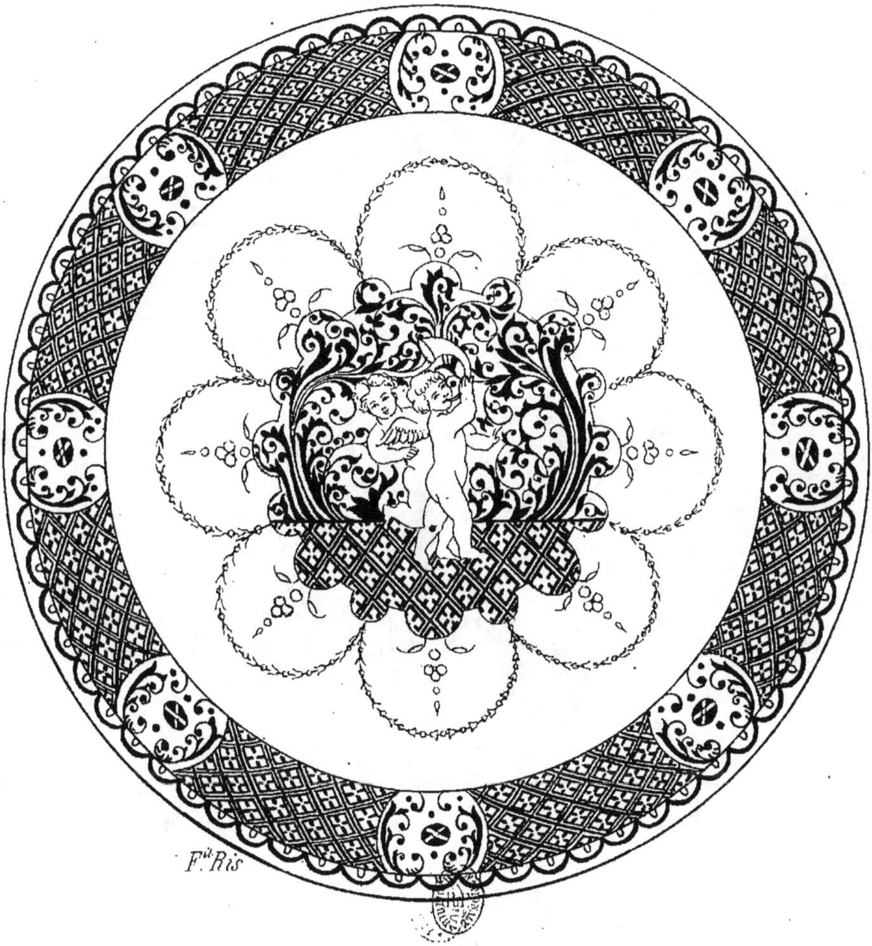

ARABESQUES NOIRES.

SUR FOND JAUNE OCRÉ.

Lith. L. Boileau. Amiens.

Musée de Rouen.

FAÏENCE DE ROUEN.

IMITATION CHINOISE.

THÉIÈRE

AVEC MARQUE DE SINCENY.

FAÏENCE DE ROUEN.

IMITATION CHINOISE.

ASSIETTE,
(BORDURE QUADRILLÉE VERT)

3ᵉ Div.

FAÏENCE DE ROUEN.

Pl. 38.

DÉCOR EN QUATRE COULEURS.

ASSIETTE POLYCHRÔME.

Diamètre 26ᶜ

Lith. L.Boileau Amiens.

Coll. de Mʳ Edouard Barbier.

FAÏENCE DE ROUEN. DÉCOR EN QUATRE COULEURS. Pl. 59

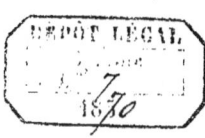

BÉNITIER.

Coll. de Mr Hazart Morel.

1re Div.

FAÏENCE DE ROUEN.

IMITATION CHINOISE.

SOUPIÈRE.

Longueur 30.°
Largeur 23.°
Hauteur 14.°

Lith. L. Brileau, Amiens.

Coll. de M.r Alfred Quigno

FAÏENCE DE ROUEN.

IMITATION CHINOISE.

ASSIETTE.

1re Div. Pl. 42.

FAÏENCE DE ROUEN. IMITATION CHINOISE.

PLAT.

Diamètre 29.° Coll. de M.' Larangot.

1.re Div. Pl. 43.

FAÏENCE DE ROUEN. IMITATION CHINOISE.

ASSIETTE.

Diamètre 24.c Coll. de M.r Larangot.

FAÏENCE DE ROUEN.

PIÈCES A PERSONNAGES.

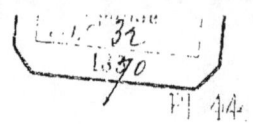

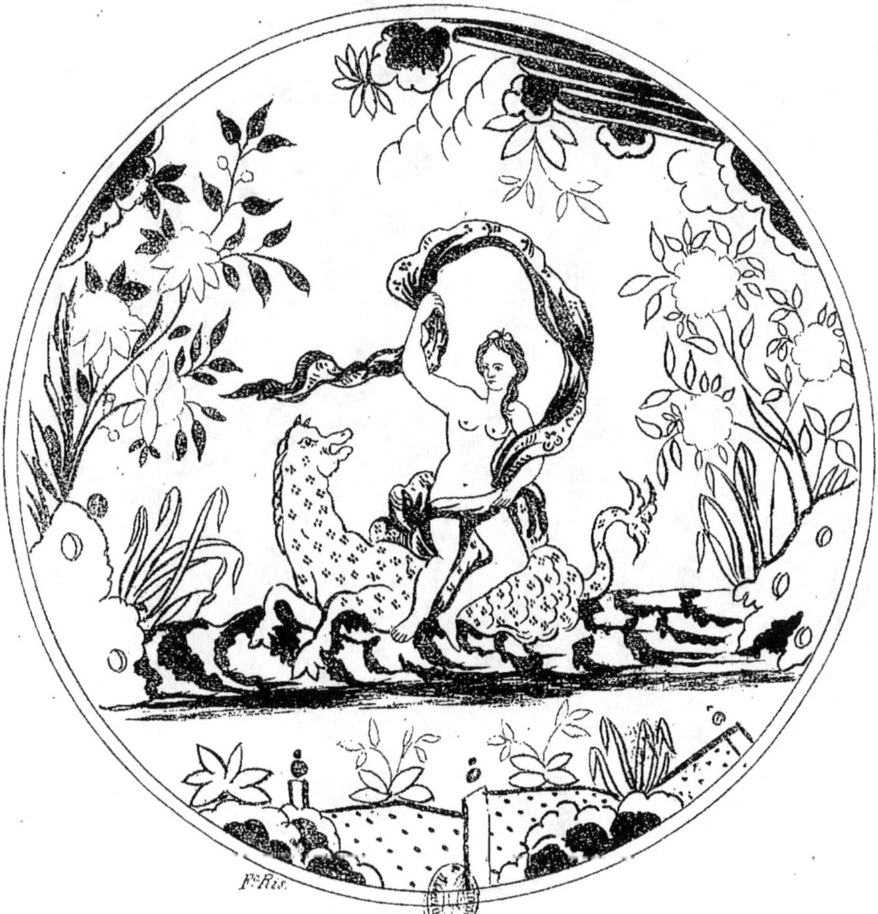

ASSIETTE,

AMPHITRITE.

FAÏENCE DE ROUEN.

IMITATION CHINOISE.

POT A L'EAU.

FONDS BLEU-LAPIS.

FAÏENCE DE ROUEN.

PIÈCES A PERSONNAGES.

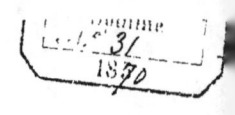

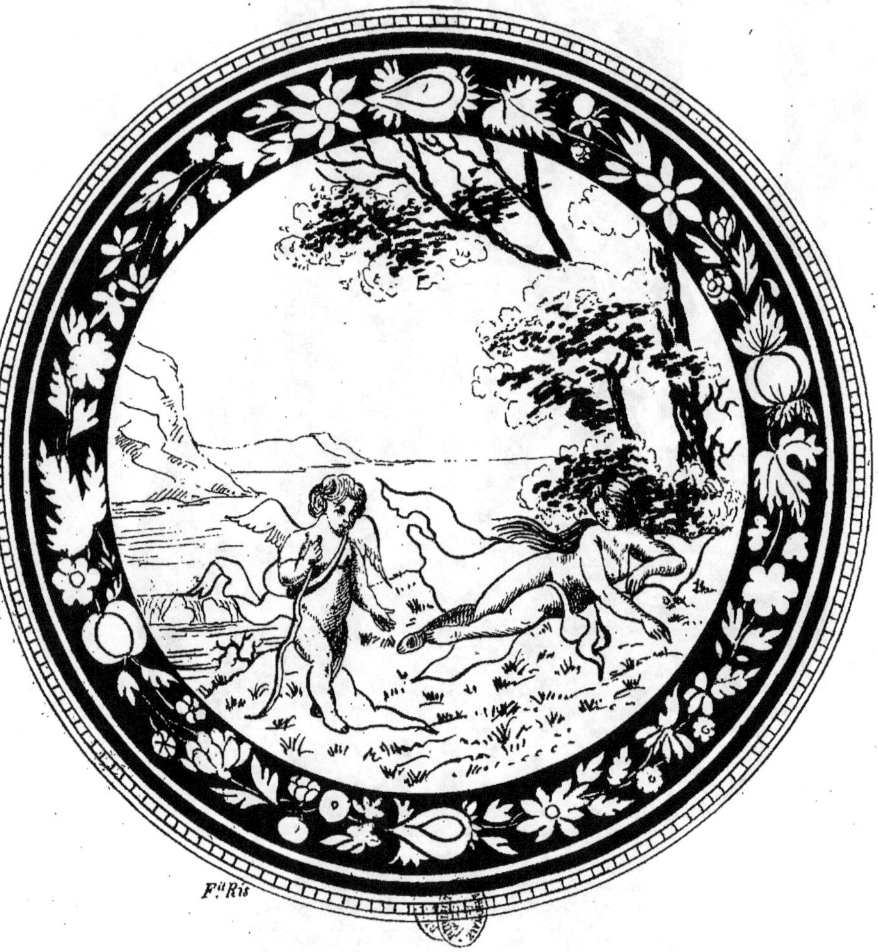

ASSIETTE RICHE BORDURE.

Vénus et l'Amour.

Diamètre 24.c

Coll. de Mr Durand.

Lith. L. Boileau Amiens

FAÏENCE DE ROUEN. PIÈCES A PERSONNAGES.

Pl. 47.

BROC.
LA FUITE EN EGYPTE.

Coll: de Mr Hazart Morel.

3.ᵉ Div. FAÏENCE DE ROUEN. Pl. 48.

STYLE ROCAILLE.

BACCHUS.

Hauteur 23ᶜ
Largeur du Socle

Coll. de M.ʳ Méllier. Raoul.
(Abbeville.)

FAÏENCE DE ROUEN. STYLE ROCAILLE.

PLAT AU CARQUQIS.

Longueur 28°
Largeur 22°

Coll. de M.º V.ᵛᵉ Pollet.

FAÏENCE DE ROUEN. STYLE ROCAILLE.

Largeur 20.
Longueur 35.

PLAT DIT AU CARQUOIS.

Coll. de M. Bathier

FAÏENCE DE ROUEN

STYLE ROCAILLE.

BROC A CIDRE.

3º Div.

FAÏENCE DE ROUEN.

Pl. 52.

STYLE ROCAILLE.

POT DIT A SURPRISE.

FAÏENCE DE ROUEN.

STYLE ROCAILLE.

Longueur 20!
Largeur 12!
Hauteur 15!

PORTE-BOUQUET DIT A LA TULIPE.

Coll de M⸰ Barbier Édouard.

3.º Div.　　　　　　　　　　　　　　　　　　　　　Pl. 54.

FAÏENCE DE ROUEN.　　　　　　　　　STYLE ROCAILLE.

SALADIER.

Longueur et Largeur 20.º　　　Lith. L. Boileau, Amiens.　　　Coll. de M.ʳ *Edouard* Barbier.

FAÏENCE DE ROUEN. STYLE ROCAILLE.

Longueur 35.
Largeur 24.

PLAT DIT AU DRAGON.

Coll. de M. Barbier Edouard.

FAÏENCE DE ROUEN. STYLE ROCAILLE.

PLAT.

Longueur 50˙
Largeur 36˙

Coll. de Mme Vve Paulet.

FAÏENCE DE ROUEN. STYLE ROCAILLE.

PLAT DIT A LA CORNE TRONQUÉE.

Longueur 35°
Largeur 24°

Coll. de M? Delpech.

3.ᵉ Div — FAÏENCE DE ROUEN. — STYLE ROCAILLE.

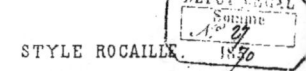

PLATEAU DIT BOUT DE TABLE.

FAÏENCE DE ROUEN. STYLE ROCAILLE.

PLAT DE SINCENY.

FAÏENCE DE ROUEN.   IMITATION PORCELAINE.

ASSIETTE,

SPÉCIMEN DU GENRE DE STRASBOURG ET MARSEILLE.

Diamètre 14ᶜ.   Lith. L. Boileau. Amiens.   Coll. de Mʳ Rosot.
(Abbeville.)

www.ingramcontent.com/pod-product-compliance
Lightning Source LLC
LaVergne TN
LVHW050627090426
835512LV00007B/710